U0671957

文案高手

好文案马上上手

张笑恒 著

北京联合出版公司
Beijing United Publishing Co.,Ltd.

图书在版编目（CIP）数据

文案高手：好文案马上上手 / 张笑恒著 . -- 北京：北京联合出版公司，2020.11（2021.6 重印）

ISBN 978-7-5596-4594-4

Ⅰ . ①文… Ⅱ . ①张… Ⅲ . ①广告文案 - 写作 Ⅳ . ① F713.812

中国版本图书馆 CIP 数据核字（2020）第 189719 号

文案高手：好文案马上上手

著　　者：张笑恒
出 品 人：赵红仕
责任编辑：高霁月
封面设计：韩立强
内文排版：李丹丹

北京联合出版公司出版
（北京市西城区德外大街 83 号楼 9 层　100088）
北京德富泰印务有限公司印刷　新华书店经销
字数 167 千字　880 毫米 × 1230 毫米　1/32　8 印张
2020 年 11 月第 1 版　2021 年 6 月第 6 次印刷
ISBN 978-7-5596-4594-4
定价：36.00 元

版权所有，侵权必究

未经许可，不得以任何方式复制或抄袭本书部分或全部内容
本书若有质量问题，请与本公司图书销售中心联系调换。电话：（010）58815874

唯有爱与美食，不可辜负。

——下厨房

别说你爬过的山，只有早高峰。

——宝马 MINI

去征服，所有不服。

——全新现代途胜

我们不生产水，我们只是大自然的搬运工。

——农夫山泉

致那些使用我们竞争对手产品的人，父亲节快乐。

——杜蕾斯

……

总有一些文案三言两句就能准确抓住用户的痛点、痒点、卖点，让人莞尔，让人感同身受，乃至让人忍不住拍案叫绝。当然，能戳中人心的不只有简短，长的也有。比如，百雀羚在母亲节推出的可媲美谍战片的神广告《一九三一》。

开篇两张照片，摩登女郎、口红、旗袍、洋房等符号，让人立即想到了民国时期灯红酒绿的大上海。紧接着的一张照片则是女郎将一把黑洞洞的手枪塞进了绑在大腿上的枪盒，制造出强烈的反差，让人忍不住紧张起来。对女子身份的好奇和故事发展的悬念，牢牢吸引读者顺势看下去……

一时间，这篇广告在朋友圈刷屏，一举斩获 3000 万曝光量。有网友在转发之余，毫不吝啬地表达感慨道"老奶奶都不扶，就服百雀羚"……

文案界每出一个爆款，都会引发热烈讨论。作为一个文案手，是不是也在思考：这些令人惊艳、威震传媒界的爆款文案究竟是怎么产生的？今天，我们解读这背后的思路和方法。

标题是文案的眼睛，准确说，读者看标题的两秒就决定了一篇文案的命运。文案大师维克多·施瓦布曾言："一些失败广告中的内文很有说服力，但是没有提炼出一个好标题。因此，虽然主体文案很精彩，但根本没有人去阅读。"文案写手可以从痛点、简洁易懂、借势等角度作为发力点，去寻找标题撰写的钥匙。

开头是文案的诱饵。文案开头不仅要做到实事求是、通俗易懂、抓住产品的主要信息来叙述，还要通过不同的方式激发读者的兴趣和欲望。爆款文案开头一般有引人思考的疑问式、好奇留白的悬念式、身临其境的场景式、警语金句等几种，文案写手可以从中总结写开头的套路。

好的文案都开始写故事了。一个迷人的故事总能久久萦绕在心头，让人难以忘怀。比如益达口香糖的"酸甜苦辣"，德芙巧克力背后错过的爱情故事，大润发对爱情至死不渝的诠释……不论这些故事是温馨、煽情，还是悬念、真实……我们都不能否认，它们是唤醒用户的魔法。

好的方案有让人耳目一新的创意。真正的好文案不只是能剑走偏峰、自圆其说，而且，它能够提供给你一个看待事物的新鲜角度。比如《我害怕阅读的人》这篇文案，没有去写各种看书的好处，以此来促进人们买书读书的欲望，反而以"我害怕"为主题去兜售恐惧。文案创意让用户有一种别开生面之感，自然会对其关注，并且在脑海中留下产品的记忆。

文案写手不妨刻意进行创意训练，大开脑洞，把新鲜的创意融入文案中。爆款文案标题内容都完成后，看起来万事大吉了，其实不然。

文案写手也不能忘了突出文案的视觉效果。即使内容上有些不足，也能够用优美的让人眼前一亮的排版来补足。它可以是图片上的文字排版，也可以是文案的文字排版，或者是直接用动态的视频来表达，形式多种，具体需要文案写手根据具体的产品来选择。

互联网时代的文案，一般都会受到其传播媒介的影响。我们发现有的文案明明写得很好，但转发量就是不高。为什么会这样？我们在本书也重点讲述了文案的不同传播媒介，以及发布时间点的奥秘。

本书汇聚了国内外文案高手的各类经典文案案例，以内容创作的方法与技巧为切入点，对文案策划进行整体的分析、讲解，条分缕析地讲述了文案写作过程中需要注意的各个要点，内容涵盖文案创意的产生、撰写文案的步骤、文案的写作技巧、文案与营销的结合，并从多种角度阐述文案的书写规范、推广、如何规避误区等问题。通过阅读本书，读者将学会如何像超级文案高手那样找到优质选题，如何以全新的视角打开创意思维，写出吸引人的标题，如何挖掘一件产品的特色并将它转化为文案语言，如何利用各大网络平台做文案推广等知识与技巧。最后，读者将能写出有料、有趣、有内涵的爆款完美文案。

目 录

第一章

不要让你的文案死在标题上

第五章

调动用户情绪，制造共鸣

第六章

创意文案，6 种开脑洞训练法

第七章

新媒体文案创作 6 个关键词

第八章

视觉设计，让人惊艳的行文技巧

不要让你的文案死在标题上

你的标题，戳中用户痛点了吗

经典案例回放：

> 《世纪难题！为什么你爱的人不爱你？》
>
> 《不要把你的穷病传染给你的孩子》
>
> 《为什么你铺天盖地地打广告，顾客却无动于衷？》
>
> 《为什么新媒体要会这么多技能，薪资却这么低？》

案例分析：

如果将写文案比作打一场战争，那么标题就是事关一座整个战局的城池，属兵家必争之地。守住这一要隘，这场文案之间的战争就打赢了一半。能戳中用户痛点的标题，就是守住这一城池的关键。

所谓痛点，指的是用户在感到需要时却无法得到相应满足，因此被用户十分渴望的一种需求。难度在于，痛点一般不在表层，而在用户的内心深处，所以很难找到它，只要踩住它，就能一剑封喉。

以互联网运营为例，比如标题"想做运营，帮你进入BAT等一线互联网公司的几大方法"。一眼望去，对于朝思暮想要进入BAT公司做运营的人来说，确实具有莫大的吸引力，但不具备让所有人点进来的能力，这就是没有抓住用户痛点。如果文案标题变成"不靠经验和人脉，教你进入BAT等一线互联网公司做运营"，就会一下子戳中很多人的内心。"零经验、基础差、没人脉"等因素都是很多人想要获得，却始终不得其法的需求痛点。

可见，用户痛点就藏在自己想要改变却不知道怎么改变的困境里。与"不靠经验和人脉，教你进入BAT等一线互联网公司做运营"类似的标题还有，针对社群运营的"社群运营如何避免用户潜水、无法变现"，针对新媒体人的"想要收获高阅读和海量转发？我来教你做新媒体"。

一般来说，用户对自身痛点敏感又渴望解决。标题中提出痛点，一定会使文案的点击量大幅提高。

与文案写手分享：

想要在标题中更好地戳中用户的痛点，可以尝试以下几种方法：

1. 换位思考

在写标题的时候，文案写手要尽量站在用户角度，思考用户的思维方式，才能写出能够直击痛点的标题，让用户置身其中。

以自媒体为例，"2019 自媒体运营攻略"远不如"2019，自媒体如何运营才能变现"更具吸引力。因为前者只不过是做了一个简单的总结，并不会对用户产生太大的吸引力，而后者突出了自媒体用户所追求的利益，用户点击的欲望就更强。

2. 强调效果

强调效果，突出轻松的过程，能够化解用户的担心和犹豫。比如，"掌握这些，让你从直播小白进阶为网络红人，轻松学习100 万 + 吸粉技巧"。

3. 贴近生活

研究表明，文章内容越是贴近生活，就越容易获得阅读量。比如生活中的逛街、挤地铁、搬家、加班等。当你的标题能够准确地切入生活的各种场景，会使文案更具亲近感，被点开的概率也就越大。

比如，"做 PPT 时，如何呈现中文字体的美感和力量？"它很好地将读者带入了一个做方案、做总结的工作场景。如果写成"突出中文字体的美感和力量的方法"，就达不到强烈代入感的效果。

卖弄字句或者夸张吹捧都不是构成出色标题的最好手段，直击痛点才能一招制敌。

抛出一个问题，吸引用户去找答案

经典案例回放：

《如何发邮件请求帮助，并获得超高回复率？》

《技术型营销人必看：Airbnb 早期是如何用 Growth Hack 获得更多用户的？》

《现代营销人进阶之路：如何从零开始成为营销技术专家？》

案例分析：

在这个信息过载的时代，用户每天接收的信息远远大于他们愿意思考的信息，这种情况导致，用户在面对一些不痛不痒的产品信息时会选择直接过滤掉。如果文案的标题不能让用户产生兴趣、共鸣或者得到认可，那么这篇文案将会面临被忽略的下场。

然而，对文案写手而言，仅凭短短一句话与用户产生共鸣是非常困难的事情。因为文案写手不仅要把一个现象或者观点实现完美浓缩，同时还要照顾到吸引力、冲击力等额外因素，这使得文案写手感觉无从下手。如果能在标题中提出问题，恰好能突破这一局限性，激发用户去文中探索答案的主动性。

我们虽然无法用寥寥数字向用户展示冰山的全貌，但可以直接将问题抛出，通过问题所带来的延伸角度，引导用户点开标题，搜寻冰山全貌。提问的优点在于略过大部分指引的过程，不给用户犹豫的时间，直接带入问题，启动思考环节。同时，一目了然地阐述问题，用户也能够从标题中判断是否是自己需要的内容。

提出问题的形式大致有两种：一种是"如何式"，经典案例中的标题全部属于此类。"如何"这个词语在广告标题、杂志文章和书名中有着普遍的应用性。据不完全统计，市面上大约有7000本书是以"如何"命名的。很多文案写手宣称，如果你的标题以"如何"开头，你就不会写出太差的标题。

如何式标题提供了具体的信息、恰当的建议，以及适用的解决方法。比如，如何将一个私人派对变得高端？如何在30天戒烟？

另一种是"提问式"，此类标题难度略高。标题中表述的问题一定要激发读者的共鸣，或者让读者想知道答案，才能发挥作用。比如："即使一个人在家，你是否有关好浴室门的习惯？""毕业三年了，月收入应该多少才是正常的？"

这类标题，要将重心放在读者的兴趣、好奇和需要上，而不是文案人自己的兴趣和需要。一种典型的、与此背道而驰的标题经常被各种公司使用，如"你知道某某公司最近在做什么吗？"，对这样的标题，读者往往会视而不见。

与文案写手分享：

虽然在文案标题中抛出问题具有很好的效果，但如果运用不当，也会引起读者的反感甚至造成反效果，被读者弃之如敝屣。以下几点建议可供文案写手参考：

1. 增加紧迫感

文案写手在撰写文案的过程中，可以运用语言的技巧，适当在标题中制造一种紧迫感。让阅读者从中领悟到自己某种行为会对自己的健康、利益等方面造成多么大的危害，从而提高点击率和阅读率。

2. 适当夸大

可以在标题中嵌入"天哪、惊、难以置信"等夸张性词语，以调动读者的好奇心。他们的心中会怀疑，究竟是什么事情能够让笔者如此惊讶，进而引发点击阅读。

文案写手在文案中通过抛出问题来吸引用户寻找答案时，一定要掌握好分寸，并且内容具有科学性、真实性等特征，切不可过分夸大其词，引起读者的怀疑和反感。

对比和反差，让标题更有冲击力

经典案例回放：

《策划小白 2 年从月薪 2000 多到年薪 50 万》是一篇关于职场晋升的文章，很多职场人在看到标题之后都选择点进去阅读。这种标题容易让人们产生身份代入感，其中具有反差的数据能够与现实的情况产生对比，进而激发读者对文章的兴趣。

在此类标题文案中，"月薪 30000 与月薪 3000 的文案差别"将对比与反差运用到了极致。

案例分析：

数据具有很高的辨识度，能够给人一种信息含量高、专业度强的效果。所以很多优秀的文案写手都会选择在标题中使用数据，以此来激发目标用户产生点击，并从中获取价值的欲望。而数据的对比与反差相较于文字，更加直观有效。

一个包含对比、反差等因素的文案标题能够让其更具刺激感，使文案的效果被无限放大。比如，"7步教你打造吸引百万点击的剪辑视频"和"新手运营必备的9种高效方法"两则标题已经具备吸引力，如果添加对比和反差因素之后，会更具冲击力。

比如："从剪辑新手到行业大牛：7步教你制作吸引百万点击的剪辑视频""从零走向专业：新手运营必备的9种高效方法"。"从小白到大牛""从零走向专业"的两级反转式的改变会引起读者的好奇，前往一探究竟。对比与反差的巧妙使用能够让文案打开率更上一层楼。

而数据与对比、反差的结合让后两者的效果达到了巅峰。有些文案写手总觉得自己写得很好，但就是没人看。造成这种情况的原因也许是标题的吸引力不够，不能引起读者阅读的欲望，而我们的标题与好标题之间，也许只差一个具有对比和反差属性的数据。比如："公司薪资待遇丰厚"不如说"月薪15000元"；"让你的职业生涯更进一步"不如说"从月入3000到年薪百万"；"从胖女人变成苗条女人"不如说"从140斤变成90斤"；等等。

为什么数据能够取得如此好的效果呢？这就在于，数据是一种真实、具体的存在。它是文案写手传递给阅读者一种经过研究调查之后发现的事实，具有科学性。尤其是，很多文案写手善于用99%、90%以上，或者几千、几万等这种大数字。当读者看到之后，会形成一种心理暗示，他的心中会怀疑，这种情况已经有这么多人发生了，那么我是否就是其中的一个呢？这样就诱发了读者点击阅读文章的欲望。

与文案写手分享：

想要让标题更具冲击力，可以巧妙地使用数据产生对比和反差。在使用这些因素时也要注意以下几点：

1. 寻找量化指标

寻找与主题相联系的可量化指标，辅以刺激性的数字，更容易勾起用户的好奇心。如果考虑数据真实性的情况，无法使用庞大的数字，也可以选择使用普通的数字来吸引读者的注意力，否则这篇文章很容易遭到无视。以下两个标题就是使用量化指标与否的区别，我们可以体会一下。

标题1："华为的营销攻略，值得一看！"

标题2："华为年利润300亿元的秘密，值得一看！"

2. 忌用无关数据

没有与卖点形成联系的数据，就只是一个数字。它不但不能产生任何促进作用，反而会干扰读者的视线，混淆重点。比如以下的两则标题。

标题1："这堂课用30个案例、10个行业大牛解惑，让我的工资涨了不少"

标题2："学习这个课程，只用了两个月，工资就翻了一倍"

3. 对比与反差的运用

一般来说，当标题中出现带可量化的名词，如月薪、点击量、方法等元素时，我们可以选择为之添加上数据，利用对比和反差的方法使效果最大化。比如：

标题1："7000月薪到手，一名文案新手的成长过程"

标题2："半年时间内月薪连翻3倍，一名文案新手的成长过程"

月薪7000本质上是一个结果，会受到多方面的影响。在缺乏对比的情况下，读者不能对这种薪资产生具体的概念。如果在其中加入对比，就能够让数据的分量变得可观，给读者惊讶或疑惑的感觉，进而产生阅读欲望。

4. 数据要具有价值可视化

标题1："喝了这杯减肥茶，我瘦了好多"

标题2："只用了15天，这种减肥茶就让我瘦了10斤"

简单的"瘦了好多"无法让用户产生任何概念，"15天""10斤"让用户对文案的内容产生价值可视化，也使文案更形象化。

数据会使标题具有真实性，对比和反差能够吸引读者兴趣，两者相辅相成，齐头并进，会带给用户更大的冲击力。

善于借势，想不火都难

经典案例回放：

借助明星：

《赵雅芝年轻 20 岁的秘密》

《李冰冰最喜爱的几款包包》

《巩俐：欧莱雅，你值得拥有》

借助专家：

《PS 大师告诉你怎么画一个西瓜》

《PHP 高手教你怎么隐藏文件》

借助热点：

《问题疫苗后续：除了狂翻疫苗本，最紧要的是这 4 个
问题！》

案例分析：

借势就是把想要表达的产品与大家关注的信息相结合，
比如新闻事件、名人专家、节日节气等，将其巧妙植入文
案中，激发用户的阅读欲望。

一般来说，借势有以下四种表现方式：

·借助明星热度。明星是一个特殊的行业，他们的一举一动都暴露在大众的视野中，随着大众消费者文娱消费观念的增强，一个明星往往能在不经意间引爆粉丝的热情。这就是所谓的"明星效应"，这也是很多品牌都喜欢用明星代言的原因。文案写手借助明星事件来营销，不仅能够增加产品文案的热度，而且明星的粉丝也会成为产品的潜在客户。比如说，当鹿晗公布恋情之后，一篇《鹿晗的4000万粉丝，都是价值月薪3万的超级运营》横空出世，在24小时内阅读量突破10万。

·借助品牌效应。当文案的标题中出现用户熟悉的知名品牌和人物时，能够提高文章的可信度，用户也更愿意点进去。

当一篇文案标题为"2019年最令人惊艳的10大营销案例"，你可能会点进去，但内心欲望并不强烈。当标题换成"江小白、杜蕾斯2019年最令人惊艳的10大营销案例"，用户内心的信服度一下就涨起来了。

·借助热门事件。抓住当下的热门事件或者新闻，大众对社会热点的关注能够引导读者对文案的关注。如杨绛先生逝世，微信中一篇《105岁杨绛先生逝世，被誉为"最贤惠的妻最才的女"》获得了10万+阅读。

除了热门事件外，也可以借文化、节日等热度的势，总之就是一句话，用户的目光焦点在哪里，文案的标题就尽量靠向哪里。

·借助权威。文案借助官方性和权威性能够产生令人信服的力量，基本上不会有人怀疑官方的信息，反而会激发读者的阅读兴趣。比如，天文学家公布引力波之后，一篇《曾给雷军、李彦宏讲引力波的那个北大学霸，后来怎么样了？》点击量惊人。

与文案写手分享：

在确定借助明星热度、品牌效应、热门事件、权威四种方向后，文案写手应该怎样合理地乘势而起呢？

1.直接借助热度IP

将选定的热度IP直接放入标题中，然后在标题中增加前缀或后缀以提高强度。比如：

"震惊！这家70人的小公司让马云都坐不住了"

"如何打造互联网生态链（雷军这么说）"

同时要注意，文案中的品牌一定要与名人或热点事件之间有共通之处，而且产品和热点事件之间关联一定要能够产生价值。即文案写手写出的文案其中的卖点与热点越匹配，那么借势的效果就会越好。

所以，在借势热度IP的时候，绝不要盲目跟风，如果无法产生联系就不要强行关联。

2. 类比角度

两个毫不相干的品牌想要产生联系，可以通过类比的角度将两个产品结合到一起，比如从地位、口碑等方向。如果一款巧克力非常精致，就可以说成"巧克力中的'爱马仕'"。

3. 同类角度

也可以借助行业顶端产品或同类热门产品的热度，突出自身在某一方面的优势，比如说，"同样的社交 APP，它相比微信到底牛在哪里？"等。

4. 时刻关注

向热点借势最重要的就是要快。如果在热点事件发布了几个小时之后，你才想起要写一条广告文案来借势，这个时候各个平台都充斥着这个热点的消息，众多品牌也已经借势结束，你的文案只会泯于文案的大海之中，引不起用户的关注。

文案写手可以关注百度、微博热搜等平台，第一时间发现热点事件。文案写手也要能够抓住热点的黄金时期，快人一步发布相关文案，达到蹭热点的目的。

打造稀缺性，激发用户点开的兴趣

经典案例回放：

《放弃了高薪、娇妻、大House，跑去深山当野人是一种什么体验？》

《李彦宏、周鸿祎、马云等10位大佬犯过的最致命错误》

《中国首例！重庆著名女作家冷冻遗体等待50年后起死回生！》

案例分析：

人们都会有一种心理：习惯性将一个事物的获取难度作为价值高低的标尺，一件事物的获取难度越高，它对人们的吸引力也就越大。

举一个简单的例子："3000字讲述专业的运营策略和需求分析"。这则标题中有数字，有"专业"，已经初步具有了吸引力，但魅力仍不足倾倒相应读者，因为还缺少说服力和稀缺性。

如果改成"腾讯内部资料：3000字讲述专业的运营策

略和需求分析"就能够弥补缺少的这两项元素。用户在粗略浏览这则标题时，目光一定会聚焦在"腾讯内部资料"这几个字上。而腾讯内部资料是常人无法接触的东西，而且这种官方的资料做出的总结是区区几年工作经验不可企及的。所以一旦用户产生这种心理，就一定会有兴趣看一看"腾讯内部资料"到底长什么样子的。

与文案写手分享：

文案写手想要通过打造稀缺性来激发用户点开文章的兴趣，可以从以下几方面入手：

1. 增加权威性

在标题中增加权威性是为了将文案的起点拔高，更容易获得用户的信赖与认同，同时也刺激用户对点开文章的欲望。所增加的权威头衔或者权威机构会使文案的受众从小众变为大众。

比如：《曹菲：为何我工作十年，内心仍无比恐慌？》，标题中出现的人是一个能力很强的人物，代表了顶尖人士。但标题并没有将这种稀缺性展示给用户，因为大多数用户并不了解这个人。如果换成"腾讯产品总监曹菲：为何我工作十年，内心仍无比恐慌？"，这就给人一种一目了然的感觉，同时也会有为什么那种人物也会产生这种疑问的感受。进而促使用户点击文章。

权威机构指的是知名度高，而且它的官方性和权威性也令人信服的机构，依托此类机构，也会令用户产生阅读的欲望。比如："清华学霸创业 4 年估值 200 亿！""徐小平投资生涯最大败笔，就是错过了他！"等。

2.增加关键词

关键词是文案标题能够吸引用户注意的元素，一般来说关键词越多，所产生的力度也就越大。比如，一些自带专业性元素的人物、某行业 10 年经验的大牛、某专业博士等等。

3.替换普通词

将那些普通、不够强力的词语换成更具杀伤力的词语，不违背事实，适当夸大。比如，某位只是给一个世界 500 强企业讲过几节课程的人，但我们可以叫他"世界 500 强企业特约讲师"。

趣味标题，让人忍不住点开

经典案例回放：

某润肤水的文案标题：不要脸的时代已经过去

某祛痘化妆品的文案标题：赶快下"斑"，不许"痘"留

案例分析：

新鲜有趣的事物更容易引起别人的注意，没有人乐意

去看陈旧乏味的内容。当你给出一个十分常见且俗套的标题时，就像是把一份不知炒了多少次的冷饭再炒一遍就端上餐桌。且不说味道如何，仅这惨淡的卖相就足够让人倒胃。

有趣的魅力在于活泼生动、幽默诙谐，令读者回味无穷。比如益生堂三蛇胆的文案标题"益生堂三蛇胆为何专作'表面文章'？""上火啦""战'痘'的青春"；佳百娜红葡萄酒的文案标题"今晚，你准备'亲吻'佳百娜吗？""佳百娜五岁了，尚未开封""咦，怎么少了一个人？噢，他被佳百娜'迷'住了"；还有一致全家福的文案标题"今天请倒过来看广告——一致全家福到了！"，都比较符合风趣幽默的特点，能够有效勾起他人的好奇心。

与文案写手分享：

写好趣味性标题，有以下几种方式：

1. 语义位移

通过语义位移的方式产生悬念，增加标题的趣味性和吸引力。语义位移就像是，将中规中矩的笑里藏刀改成了"哭里藏刀"，给人一种匪夷所思的感觉。

比如，美国政府曾经由于财政赤字，从每加仑汽油的售价中提取 5 美分来铺设公路。而一则相关的报道标题为"似乎耸人听闻，实则无中生有——'五分钱'修理'美国'"。

2. 逆向思维

利用读者的逆向思维，就是利用对方的"逆反心理"。比如当某文案的题目中出现"千万不要往下看"这类文字的时候，请你相信，这一句话是能够引发读者心理上、思想上的小小波澜的。他就会想：到底是什么样的内容才会在开头就提醒我"千万不要往下看"呢？

更何况，大多数人都有一种"逆反心理"，就是我们越限制他去做什么事，他越有这方面的冲动。比如："这个千万别看，我是认真的""做一个不好相处的女人""我突然不想做一个安静的美男子"等标题，都是利用逆向思维来吸引大家的眼球。

3. 富含诗意

在创作标题时，可以使用诗情画意的特色来增强标题的趣味性，将一则标题写得平仄押韵，形象生动，给人一种充满趣味性的感觉，具有强烈的感染力，达到醒目传神的效果。比如，"司机喝过酒，汽车开不走"。

4. 一句双关

表面上说的是一种事物，实际上指的是另一种事物。它的趣味性在于一箭双雕，将标题含义富有风趣地表现出来。比如，《乔迁之"洗"，管道漏水无人管，提前退"修"，冰刀开焊谁解愁》。

5. 悲喜互衬

标题中悲喜互相衬托时，可以使标题具有戏剧性，在一悲一喜的组合中，形成反差，增加趣味。比如，"一笔钱好拿，十年牢难蹲""哥哥走上断头台，弟弟走上领奖台"，在为标题增添趣味的同时，避免将低俗混入其中。虽然一个低俗搞笑的内容能够取得很好的效果，但文案需要真实性，而不是张口胡说的。虽然能够引起别人的注意，但引起的联想是无法达到你想要的效果的。

最后还要注意一点，请别用那些没有针对性，仅仅只是为了能够吸引眼球的标题，这只会让人觉得我们在扭捏作态或故作机灵。

留白，激发用户好奇心

经典案例回放：

《不喝可口可乐的时候，百事可乐正在……》
《我们和女神之间差的不仅是颜值，还有……》

案例分析：

留白是一种制造悬念的手段。在摊开主题的过程中，故意藏起一部分，有一种"犹抱琵琶半遮面"的朦胧感觉，用户的好奇心被驱动，产生进一步探寻和验证的强烈愿望。

然后，正文将藏起的部分托出，使用户被勾起的心理得到满足，留下难忘的印象。

举一个例子：一篇文案的标题为"运营人必备的技能就是沟通"。标题给大部分人的感觉就是文章内容的概述，并不会产生太大的吸引力。如果将标题改成"牛气的运营，除了有创意、执行力、方法论，必备的技能还有……"效果明显就不一样了。

标题中的留白也就是话说一半，目的是吊起读者的胃口。刘易战创立的营销理论"钓鱼法则"可以很好地体现这一点。众所周知，钓鱼一般包括下钩→咬钩→拉钩三个步骤。

下钩即把悬念植入标题中，去吸引读者，萌生去揭开谜底的欲望。以标题"牛气的运营，除了有创意、执行力、方法论，必备的技能还有……"为例，先用"除了"列举出常见现象，再一一排除，就是"放饵"的过程。因为在大多数运营人心中，创意、执行力、方法论就已足够，这里却强调除了这些还有……就勾起了读者的兴趣。

咬钩即激发读者兴趣，让其心甘情愿一探究竟。"除了……还有……"这个句式，隐藏答案，也是在引导读者思考，然后读者自然会在思考后忍不住点进去印证自己的观点。或者根本不去思考，出于好奇，直接点进去一睹为快，这便完成了"咬钩"。

最后的拉钩，则是再一次激发读者迫切想要知道谜底的欲望。

每个人都有好奇心，给你的题目蒙上一层面纱，让用户情不自禁地点进去，你的目的就达到了。

与文案写手分享：

在标题留有余地，故意隐藏重要信息，具体可以从以下几个方向入手：

1. 妙用符号

省略号、问号等标点符号表达出的未尽之意，很容易引起读者的阅读兴趣，从而引诱读者点击阅读，让他验证是否和自己想的是一样。

比如，有篇名为"中国首富向银行心脏插刀，银行破产模式开启"的文章，在修改标题后瞬间就获得了无数点击量，此标题被改为《打劫！中国首富向银行心脏插刀，银行破产模式开启，我们的钱……》。

修改前，这则文章标题会有一种普通新闻的既视感，并且没有交代人们最为关心的问题："当我们存钱后，我们的钱会怎样？"修改后，该标题就很好地利用了人们注重自身利益的心理，用省略号留下悬念，使用户忍不住去点击，看看到底发生了什么。

2. 标题中表明"利益"

只有标题中突出的重点是读者迫切需要的，才能激发读者的阅读兴趣。所以我们要在标题中表明利益，让用户明确阅读这篇文章之后的收获，或者将已知的观点抛出，先得到用户的认可，进而促使读者看完增加获得感。

3. 使用前缀

很多文案写手都非常热衷诸如"震惊、超燃、起底、恐怖、注意啦"等字眼。文案写手可以提前搜集一些同类型的标题的前缀词，关键时候可以套用。

好奇，是人类的天性。当文案写手将"好奇心"运用到文案标题时，引人注目的字眼和数字、标点符号等的巧妙结合，无疑会碰撞出让阅读者下意识去点击的效果。在读者惊讶、猜想的过程中，产生兴趣去阅读文章。

第二章

一鸣惊人爆款开篇法

数据式

经典案例回放：

案例一："如果每月吸烟花费 5 元，30 年将有 1800 化为烟雾。如果每月把 5 元参加零存整取储蓄，每年到期转为定期，30 年后得到本息 4900 多元。劝君戒烟，机不可失。"

——中国人民银行上海分行储蓄业务推广报告

案例二："杯装奶茶开创者，连续八年销量领先。一年卖出十亿多杯，杯子连起来可绕地球三圈。"

——香飘飘奶茶

案例分析：

专业性很强的引文数据，能产生非同寻常的冲击力和权威感。

比如，为农民工子弟学校撰写的公益广告，写法一：越来越多的孩子留守在家里，他们有父母，却有被抛弃的感觉。如果有条件，请把孩子带在身边。如果不能，也请让孩子在温暖和关爱中长大。写法二："我国高达6100万的留守儿童，其中超过900万，一年也见不到父母一面！如今，留守儿童犯罪率占未成年人犯罪的70%，并呈上升趋势。如果有条件，请把孩子带在身边。"

很明显，第二种要优于第一种。这就是数据的作用。它可以让你更加清晰、直观地了解留守儿童的数量，以及最让人担心的犯罪发生概率，从而对文案观点更加支持和相信。

数据自身的辨识度很高，会带给人一种信息度高、专业性强的感觉。数据的运用要避免使用"一半、大概、几乎"这种易让人产生模糊印象的词语，使用"50.3%、123票赞成"等说法更加准确。比如"大概200万"和"168.5万"这样准确的数字相比，后者更有说服力。

还有，必须保证数据和文案的观点或者说卖点，有直接的关联性。与文案卖点无关的数据，顶多叫数字，没有任何意义。

另外最重要的一点，必须保证这些数据的真实性和准确性，一定要是权威机构给出的，或者是专业的数据研究中心调研出的。千万不要胡编乱造，否则就失夫了使用数据的意义，甚至会让人产生被欺骗和愚弄的感觉。

与文案写手分享：

既然数据如此重要，那么我们需要把数据运用在哪里？一般情况下，当文案开篇出现能够量化的名词，如月薪、分享数、转发数、公式、秘密、方法等时，我们就可以加上数据。

比如："乌江榨菜，三腌三榨""特仑苏，每 100 克牛奶中蛋白质高达 3.3 克，比国家标准高出 13.8%""你能品味的历史，440 年，国窖 1573""这辆新型劳斯莱斯在时速 60 英里时，最大的噪音来自电子钟"……在文案中，数据是非常有力的武器，自带严谨理性的说服力。但是要把数据用好并不容易，你的数据能分析透彻，能够体现优势的，才能支持和利于"产品"。我们来看以下几点：

1. 使用对比强化数据效果

最典型的例子就是"充电五分钟，通话两小时"，让人瞬间体会到这个手机充电快，用起来很方便，直接戳中现代人对电量恐惧的痛点。

"曾经山鹰都飞不过的山峰，现在十分钟就能翻越。"是纪录片《辉煌中国》中对川藏公路北线的描述，同样是使用对比法，用过去的不方便突出了现在的方便快捷。

直接说明手机充电快，因为没有对比，读者无法对它产生概念，所以效果不大。如果有一个对比，数据产生冲击性，读者就会自发地进行一下脑补，进而产生强烈的阅读欲望。

2. 改造抽象数据

有的数据比较大，看起来很抽象，想办法改造得形象一点。比如，不要说"58,013,261 名美国司机中，有 14,654,231 人驾驶的是进口车"，而要说"平均 4 名美国司机中，就有 1 人驾驶进口车"。再比如"某品牌在 2018 年度全球销量超过 10 万件"，可以用"在全球同品类中排名前十"，读者更容易理解。数字越小，越容易被记住。

3. 根据需要，灵活运用数据

简单来说，就是你如果想突出自己的产品销量好，就可以表示"一年销售额多少多少"，从宏观上给予一个吓死人的数据。如果想让客户更加接受价格，那你就可以表示"平均每天只要花几元钱，一杯热饮的价格买下一年的方便与快乐"。比如，一个人推销自己的产品，是说"每天变现 300 多块钱"更有力量，还是"月入 10000 多"更有力量呢？很明显是前者。对于文案而言，对数据的运用最好要记住三条原则：（1）以精准传达信息为重心；（2）数字使用优先选择阿拉伯数字；（3）犹豫不决时，以第一条为准。

所以，要想让我们的文案变得更具说服力和吸引力，我们需要更加灵活地运用数据。

疑问式

经典案例回放：

> 一篇名为"凌晨三点的陌生人：谢谢你，骗了我"的公益广告内容如下：
>
> "你多久没跟陌生人说话了？"
>
> 有年夏天，Tina 从地铁站出来，赶上下雨。
>
> 她正在思索是去附近买把伞，还是打车，就走过来一个大叔：
>
> "小姑娘，你去哪儿啊，有伞吗？"
>
> 她以为大叔来借伞，警惕地往旁边靠了靠，冷冷地说："坐公交，没伞。"
>
> 谁知大叔笑着说：
>
> "我有伞，那我送你去站台。"
>
> 她看着大叔温柔的样子，那瞬间，羞愧难当。
>
> 是呀，所有人都告诉我们，要保持警惕，不要轻易相信别人。
>
> 因为这个世界有时候真的很"坏"，"坏人"真的很多。
>
> 在你每个意想不到的地方……

案例分析：

"你有多久……"是经典的疑问句式，也是互动的常用方法。一句简单的提问会使读者的注意力聚焦，然后翻开记忆反问自己，自然而然产生对文案下文的兴趣。疑问句的开头能够直击痛点，不仅可以吸引读者的注意力，更重要的是留下寻找某种需求的人。

而且，以疑问句开头可以使你的创作目的明确，思路清晰。因为问题已经抛出，很容易就能保持逻辑清晰，读者读起来不会吃力。比如："你这个月销售指标完成了吗？"典型的疑问开头，把目标指向销售行业的职场人士，针对性强。如此开篇，即使已经完成指标的销售人员也会忍不住阅读这篇文案。因为他们还想知道其他方法让自己变得更强大。

"？"这个符号，在很多时候不仅仅可以表达疑问。研究表明，很多人在看到"？"时，心中会下意识地将自己代入到问题中，去思考"如果自己遇到了这个问题该怎么办？"。实际上，这也是文案写手的最终目的——让用户参与到问题中去，让读者怀着解答问题的心态来关注文案内容。

比如，《百万级大号的第一批粉丝是如何获得的？》《石榴婆报告篇篇 10 万＋是怎么练就的？》。如果这两篇文章开篇是"探寻百万级大号首批粉丝活动秘籍""揭秘石榴婆报告篇篇 10 万＋原因"，由于没有明显被加强的语气，就无法吸引读者的注意力。

与文案写手分享：

想要文案使用户产生思考，达到吸引与勾引的目的，有以下三大写作要点：

1. 取卖点交集提问

一般一款产品会有很多卖点，而文案写手需要从众多卖点中挑出最容易打动用户的一个，还可以选取所有卖点的交集。

以一款洗涤产品为例，它的产品独特亮点是：可降解有机生物清洁；清洁率高达99.99%；0化学残留，洗碗的水可以浇花。三个卖点可以总结为"洗得干净"。我们就可以这样问：

"你家的碗真的洗干净了吗？"

"把你家的洗碗水浇花，敢吗？"

一句疑问唤醒用户的兴趣，把握住注意力焦点。从卖点的角度提问，快速刺激用户的需求，陈列优势，阐明亮点，为产品的售卖做出铺垫。这种模式更像是一种两人的对话，让用户跟随着文案的思路不断做出回应，引导用户发现问题，解决问题。

2. 正反两方面阐述

这个可以解释为，在提问时，单一的卖点可以从正、反两方面出发。比如："你以为洗干净的碗有多脏，你知道吗？""干净"就是正面阐述，"脏"就是反面阐述。从正、反两方面阐述是刺激用户情绪的手段，前者正面强化对情绪的刺激，后者所引发的恐惧心理是消极刺激。

悬念式

经典案例回放：

亨氏番茄酱，有一个名为"食指手术的故事"的文案。文案描述的内容是这样的：

令人期待的时刻终于来到了。

安静的病房里，护士正小心翼翼地揭开中年男子食指上厚厚的纱布。病人紧张地看着护士的动作，心中惴惴不安，身边的妻子也紧握着他的另一只手，主治医生则站在病人的对面，神情也并不轻松。

终于，纱布被解开之后，一只比平常人长的食指"耸立"在众人面前。手术成功啦！夫妻俩欣喜万分。

夫妻两人迫不及待地回到家里，打开冰箱，从里面取出了番茄酱瓶子。丈夫把刚刚动过手术的长长的手指伸进瓶子，轻松地将瓶底仅存的一层番茄酱"捞"了出来，兴奋而又自豪地凝望着妻子，妻子看着丈夫食指上的番茄酱，脸上露出了渴望的神情……

案例分析：

Facebook（脸书）上有一项统计数据，开头有"谈论它""吓坏了""令人震惊"等词语的文章，点击率会远高于没有设置悬念开头的文章。

悬念是文学中常见的表现手法，对文章中的矛盾不加以解决，让读者对情节发展、人物命运产生期待感，以达到吸引读者的目的。悬念的作用就在于使故事结构环环相扣，内容紧凑而集中，既能有效地吸引观众的注意力，又能使他们保持这种状态。最后展示出一个让观众意想不到的结果，达到震撼人心的效果。

如上面番茄酱的文案，当人们看到文案开头时，根本不会将其与番茄酱联系在一起。在好奇心的驱使下，人们会忍不住继续阅读下去，等看到结尾时，才会意识到这是一个番茄酱广告，心中不免惊讶一下。

悬念的设置，可以是一个场景、一段情节或者贯穿整个文案的具体事物、人物某一时刻的神态描写等。就如某品牌洗发水广告语："是什么让他放弃百万年薪去做洗发水呢？"这句文案采用的就是悬念式，从"放弃百万年薪"到"做洗发水"是悬疑的始末。一句话从起点到终点，成功地引起别人对答案的兴趣。所以，对文案写手而言，悬念就是读者想了解却无从知晓的一个情节；而对读者而言，悬念就是一个等待解释的谜团。

与文案写手分享：

文案中悬念的作用就是使读者产生期待心理。那么如何在文案开头设置悬念呢？悬念的表现方式大致有以下五种：

1. 神态描写

一款面膜文案的开头："再次见到她的时候，她的皮肤如同婴儿般润滑，就像回到了十年之前，她是如何做到的？"拥有光滑细嫩的皮肤是每个女人所向往的。她们一定想在文案中找到答案。

2. 言行或心理描写

一则房地产广告文案："对我来说，这就像是一次阴谋！我要做一笔大买卖，我敢说，即使你不买这套房子，也会爱上这个故事的，并且是最后一次拒绝……一切都源于一次邀请……非常著名的客人……最后的拒绝，是的，我拒绝了。"以个人的内心独白开篇，给人一种身处迷雾的感觉，蠢蠢欲动的好奇心会驱使人们去解开这个谜团。

3. 记叙场面或一段情节

一则内衣广告的文案："我们大吃一惊！当我们打开新公司的门的时候，认为大部分客户会是女人。毕竟，设计师设计的美丽内衣是一种令女士无法抗拒的奢侈品，结果，我们大错特错了。"

看完开头你不免会产生疑问："为什么内衣的大部分客户是男人？"答案的吸引力会促进你继续阅读下去。

4. 贯穿全文的一个事物

"每当我学习收藏夹里那篇扎心文案的时候，就会想起她来。"

于是，这篇文案的来历，把它放在收藏夹中的原因，想起的她和文案有什么关系？悬念，一层层展开。

设置悬念时要注意：设置悬念要合情合理，不能让人产生牵强、生硬的感觉。悬念的设置要简单明了，切忌拖泥带水、故弄玄虚，避免让读者产生厌烦的情绪，从而失去悬念应有的作用。

悬念是让文案更具魅力的一种方法，目的就是抓住读者的心，引起读者对事情的发展、人物的处境与结局的关注，使文案引人入胜，勾起读者继续读下去的兴趣。

场景式

经典案例回放：

案例一：士力架的经典广告。一场激烈的篮球赛中，场下的呐喊声震耳欲聋："姚明，守住！""姚明"的防守被对方突破，自己也被撞翻在地上。一位队员说道："一饿就弱爆！饿货！来条士力架吧！"吃完士力架之后，姚明又变回了东方小巨人，暴扣得分尽显王者风范。

案例二：慢严舒柠的广告。早上刷牙恶心干呕，咳不出来又咽不下去，快使用慢严舒柠。

案例分析：

文案场景式开头会带给用户这样的感受："你怎么知道我会有这种感觉""原来只有你懂我"。"场景式"的魅力在于将生活中的场景描绘出来，让用户有一种身临其境的感觉，激发用户的需求。

场景就是生活中你我常见、真实存在的画面。文案场景式开头旨在营造直击用户痛点的场景，将用户置身于此，从而占据用户的心，引发共鸣。一般来说，你选择的场景决定了激发的用户情感，这种情感共鸣是他们产生购买行为的关键。

一款保护牙龈的牙膏广告再如何描述产品的功效、原理，也不如将"牙龈出血"的场景再现，使用户发出"我每天早上就是这样"的惊叹。

在运用场景式开头时，要把场景描写得深入、全面。文案写手描写的场景越是深入，读者的感受与自身经历会更温和。当读者真的能耐心地将我们的文案看完，很容易就能产生共鸣，从而产生进入现场后购买的欲望。如此一来，我们的目的也就达到了。

与文案写手分享：

场景化其实就是对消费者的行为进行猜测，设计出与行为对应的场景。那么我们该如何做好场景化开头呢？现在我们只是将猜测具象化。

1. 挑选恰当的场景

一个人的痛点只会在场景中出现。你需要对产品性能、受众人群、聚集场景、迫切需求等有深刻的了解。比如,在吃火锅的时候才会担心上火的问题;在看外国电影的时候,会发现自己听不懂英文。我们需要通过产品的功能、价值等因素,确定出多个消费场景。

很多时候,我们设计的场景无法激发用户的需求,是因为我们不了解在这种环境中,用户是否真的需要某种服务。滴滴出行发现,人们在高峰期容易打不到车,这时会出现增加红包的选项。对于焦急或不愿等待的用户,这个功能就能够被接受。如果用户并不是很迫切地需要打车,这个功能就并不会被使用。

2. 避开对手的干扰

梳理强势竞品的对应消费场景,尽量避免与之交锋,争抢"场景"。当对方的优势要强于我们,那我们就可以挑选另一个场景。毕竟,生活的场景还是很丰富的。

3. 决定单一场景

在确定场景时,要注意一点,场景的数量不能太多。比如,当你在介绍一种饮料时,你为它挑选了很多场景:提神、养颜等。产品的功能看似很强大,但对于顾客而言,他们根本没有那么多需求。

所以,即使你的产品功能足够强大,也只能选择一个最符合自己的特定场景。描绘出当下场景中最迫切的痛点，你就能够受到消费者的青睐，引发传播与销售。

4. 不同的消费群体，对应不同的使用场景

文案大师大卫·奥格威曾经为炊具写过文案，并利用场景化文案向不同的群体卖出了炊具。当面对家庭主妇的时候，文案重点突出炊具的烘焙功能，设计出制作蛋糕、点心等场景。

一般女士对整洁度要求颇高，文案中设计一个身穿晚礼服使用炊具为家人准备晚餐的场景。当面对男士时，基于他们对烧烤的热情，那便利用炊具做出一个烧烤的场景。

5. 场景构建的两种形式

对话形式。对话式的场景植入不仅能有效给人营造出一种紧迫感和全民大讨论的感觉，还能让读者在最短时间内融入文案中去。比如一个发红包的文案。

"嘿，你知道吗？外面在发红包！"

"啊？是吗？还有这种好事？"

"当然啦，50元红包大派发，只要进入某公众号就能领到。"

"真的！那我去试试。"

总的来说，场景描绘就是用生动形象的语言，将人物、事件、景物之间的联系、冲突等关系直接描述出来，让读者产生身临其境的感觉。

总而言之，场景式的开头其实是在讲究一种代入感。当顾客遇到一个特定的场景时，给予他们一个提示，顾客产生消费行为

的概率就会提高一些。文案场景化就是要在顾客与产品之间建立一座桥，让顾客成功地走向最终的消费。

反常式

经典案例回放：

> 20世纪70年代，美特牌丝袜刚问世不久，还默默无闻。某一天，美国观众从节目中看到了这样的广告：镜头对准一双线条优美、穿着长统丝袜的腿，一个柔美的女性声音告诉观众："下面这个广告将向美国妇女证明，美特牌丝袜将使任何形状的腿变得非常美丽。"
>
> 随着画外音，镜头慢慢顺着腿往上移动，观众依次看到这个模特穿的短裤、棒球队员汗衫，最后竟发现穿这双丝袜的是个男性——棒球明星乔·纳米斯！
>
> 他笑眯眯地说："我当然不穿长统丝袜了，但如果美特丝袜能使我的腿变得如此美妙，我想它一定能使你的腿也变得更加漂亮。"这则广告使美特牌丝袜在一夜间家喻户晓，而纳米斯也成为当时最著名的男性广告模特儿。

案例分析：

在常规思维看来，女士的丝袜一定会使用漂亮女模特做广告，即便有男人出现，肯定也只是作为欣赏者，赞叹丝袜的漂亮。而美特牌丝袜另辟蹊径，凭借反常式广告，使美特牌女士丝袜在一夜之间流行起来。

反常，可以解释为违反常规的事物或现象。文案中反常的创作手法，强调打破正常的思维模式，挣脱本应遵循的某些规律。人们在具有规律的长期生活中，会形成一种思维定式。而在反常式广告文案中，常态下的情感、行为等由荒谬的表达取代，让用户在惊愕或者会心一笑中感受到广告的主题。

而且反常式的广告文案具有震撼性，给人强烈的心理冲击力。人类大脑默认常规信息是安全的，一旦当下接收的信息有违常规，会瞬间引起大脑的警觉，从而在大脑中留下深刻的印象。

知名广告人奥格威为劳斯莱斯创作的文案："这辆新型劳斯莱斯在时速 60 英里时，最大的噪音来自电子钟……"人们对汽车噪音的印象依然停留在加足油门时，难以隔绝的轰鸣声。可这款汽车在高速行驶时只能听到电子钟的声音，不免让人想一探究竟。

对文案写手而言，文案开篇可以打破常规，独辟蹊径，从不同的角度提出观点，给读者一种意料之外的感觉。但是，文章的内容一定要符合常理，并且用具体事件去论证标题。懂得自圆其说的文案写手，才是一个好的文案写手。

与文案写手分享：

著名文案大师沃特尔·吕泽尔说："广告必须远离常规，否则无异于向窗外大把地扔钱。"不断创新，力求不凡才是文案立于不败之地的关键。那如何利用反常式内容作为文案开头呢？

1.以刺激性词语辅助

在文案中添加"令人吃惊、忽然、强烈"等词语，能够直接刺激人类神经。正如广告人格雷戈里·伯恩斯表示："我们的大脑觉得突如其来的惊喜更有价值，这跟人们说自己喜欢什么没有太大关系。"

因为人类的大脑更喜欢带来惊喜的内容，这种具有紧张意味的词语更容易刺激我们的神经。即使我们对事情本身并没有兴趣，也会为了满足自己的好奇心，多停留一会儿。而短暂的停留增加了文案被阅读的概率。

2.使用戏剧化效果

通过在文字中展现正反比的形式，就是一种以戏剧化的效果引发读者好奇心的方法。比如，西泠冰箱的"今年夏天最冷的热门新闻"；健力士黑啤酒的"怕黑，那不是白白地活着吗"；香港硬石餐厅的"HARD ROCK 只有一天穿衣规则，请勿遵守规则"。

在各种优势中，寻找一两个反常的细节。我们要注意，意外是手段而不是目的，如果文案无法让人联想到产品，即便文案再具有吸引力，也是失败的。当我们无法找到反常的细节时，可以通过宏观层面上的反常观念来吸引消费者。切不可为了反常而去随意地对事件进行编造，没有事实根据的内容，无论多么反常，也无法获得人们的关注。

结论先行

经典案例回放：

案例一：一篇关于母亲节的文案，以"慈母手中线，我们可能没读懂的一句诗"开篇，将孟郊的《游子吟》作为基点，讲述了孟郊的生平，同时也塑造了一个光辉伟大的母亲形象。

案例二：推广旅游的文案，先给出了结论"有些地方，存在就是浪漫，绍兴的秋天就是这样一个地方"，然后分别陈述了其他三季的情景，并与之对比，突显出绍兴是秋季最适合旅游的地方。

案例分析:

结论先行就是巴巴拉·明托的"金字塔原理"的结构。简单说,金字塔原理就是要先表明中心思想,再说论点、论据,自上而下,层层延伸,形状像金字塔。(如图2-1)

金字塔结构就是以上统下,结论先行,先总结后具体,先框架后细节。以一篇《婚后如何保持恋爱感?跟老公搞暧昧!!》为例:

先给出了一个结论:婚后能够保持恋爱感的做法。然后再给出各种细节:被对方需要、保持彼此之间暧昧、说废话、会任性等。结论先行也可以总结为:解决方案(结论)—场景(陈列原因)—冲突(对比优势)。结论先行可

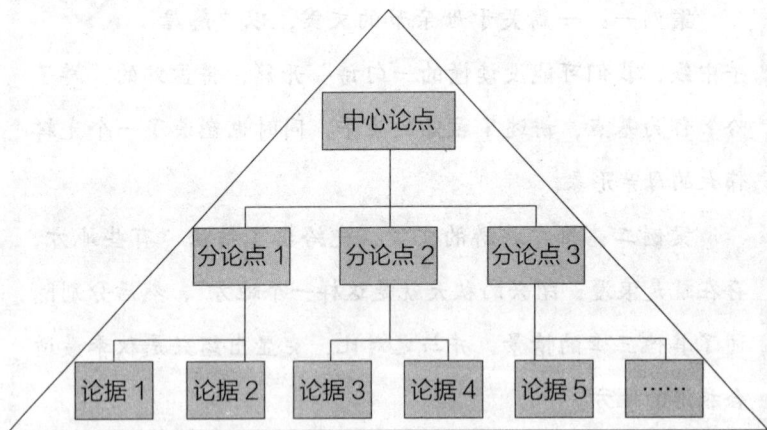

图 2-1

让读者一眼就知道你要表达的主题，是让用户接收信息的最快手段。

结论先行的难点在于容易受人们固有思维方式的限制，因为几乎每个人都习惯演绎推理进行思考，即先说论据再总结观点。比如，我们身边的场景：员工向领导汇报工作。

"领导，王哥说有别的工作安排，今天的会议不能参加了；老李明天下午的飞机，晚上才能到；主管说会议不着急，明天再开也行，但是上午他没有时间。还有，会议室明天被占用了，后天空闲。我觉得要不把会议改到周四吧？"这样的表达会让人感到头疼，换成"领导，我建议将今天的会议改到后天，因为王哥和老李今天不能参加，而明天会议室被占用，后天所有人都能到场，会议室也空闲出来了"，表达就清晰多了。

文案创作亦然，最后压轴往往不如开篇"王炸"更有威力。一般来说，没有人会心存思考来阅读文案，结论先行可以让你表达更为清晰简洁。

都说人与人之间第一印象很重要，总会先入为主，文案也是一样。不同的是，文案的第一印象往往就成为了"永远的印象"。

与文案写手分享：

结论是一个需要事实支撑的观点，因此，如果只是单纯地断言某件事或某个观点是正确的，却不能提供相应的事实作为这一看法的支撑，那就不能称之为结论。所以，抛出结论的同时，文案写手不可忽略的还有观点表述和细节处理。

1. 观点：正反对比

从正反两方面进行对比表述观点，能够让你的观点更突出，更具力量。比如：无印良品首席设计师原研哉说："我做的是光线设计，而不是产生这些光线的照明器材的设计。"又比如刘克亚说："生命的意义不是让你去弥补缺点，成为完美的人；相反，生命的意义在于发现你的天才，弘扬你的优势，找到你的独特价值！"

2. 细节：简化

即便是长文案也不能长篇大论，所以必须简化结构。首先，从文案结构入手，将其剔去血肉，留下骨架，剪去多余，只要刚好。其次，尝试使用最简练的文字丰满产品的核心卖点。对于冗长的句子可以进行删减与拆分，在保持原意的情况下去掉一切不必要的文字，将长句式进行拆分，长句变短句。让信息以最快速度、最短路径传递给用户。

开门见山

经典案例回放：

案例一："婚纱照，铂爵旅拍，想去哪拍去哪拍。"

案例二："找工作！上 BOSS 直聘！""找工作！直接！跟老板谈！"

案例分析：

铂爵旅拍的广告没有使用具有新意的词语，依旧把铂爵旅拍的功能描述得很清楚。可以任性地拍婚纱照，想去哪里拍就去哪里拍。而 BOSS 直聘也是同理，使用开门见山的模式打开了产品的品牌，以及相关的卖点。

对文案而言，华丽优美的词语，流畅的段落衔接，巧妙的结构布局，这些都不是最重要的。重要的是，如何让用户了解它背后的意义。将关键词语第一时间呈现出来，直截了当地提出文案要介绍的内容，能够让读者快速理解我们所说。

并且，一篇文案直接点明主题，如果消费者有购买意向就会仔细看下去。虽然开门见山的文案开头布局不及其他开头，但胜在"直接"二字，强大的针对性对文案的转化率会有所提升。

比如，格力空调的广告"好空调，格力造"，就开门见山地告诉消费者格力是制造空调的行家；六味地黄丸的广告"治肾亏，不含糖"，也很直接地指出了产品治肾亏的功能以及不含糖的特点。让消费者以最快的速度接受到了有效信息。

在文案创作中一味地做铺垫、埋伏笔是文案写手常常陷入的一大误区。比如一款推广防晒的广告，开头一上来长篇大论，讲述皮肤被晒黑带给人的改变。最后给出了"不当的日晒有害健康。日光中的紫外线不仅损害皮肤，还会引发视力问题，产生过敏反应，进而破坏免疫系统"的担忧。

文案开篇的内容全部是观点陈设，用户在阅读的时候，很容易失去耐心。远不如开门见山地将核心信息放到开头，比如："经科学研究表明，过度日晒造成的损伤等同于皮肤老化，经年累月之后，无法复原。"

与文案写手分享：

开门见山的文案开篇法，要求文案写手必须根据产品或主题有自己的真知灼见，做到了然于胸。只有这样，在面对任何主题时，都能直截了当地开篇点题。这样简洁明快的方式，既省力，又能引人入胜。

开门见山的方式有以下两种：

1. 直接开头法

直白地向消费者介绍产品的品牌和各项功能，力求消费者第一时间获得产品信息。比如，一篇销售白茶的文案："纯野生白茶，阳光萎凋，总量 3 斤，3 月 27 日采。"

短短十几个字，却从产地、工艺、真实性、稀缺性四个方面表述，"纯野生白茶"打上了"荒野茶"的标签；"阳光萎凋"表明了纯日晒的工艺；"3 月 27 日采"添加了真实性；"总量 3 斤"赋予了产品稀缺性。文字寥寥，却引人入胜。

所以，一篇好的文案开头，要由繁入简，一剑封喉。直接开头法因写法干脆利落，入题快捷，受到了很多人的青睐。而且它也是一种使用最多、最广泛的开头技巧，可以与任何一种结尾技巧搭配使用。

2. 直接点题法

直接点题法可以理解为直接点名文案的主题。文章一开头就将叙述的主题对象或事理直接呈现出来。或摆出中心论点，拉近读者与题目中描写或议论的对象之间的距离，从而令其快速地进入我们创设的情境中。

比如朋友圈曾有篇"网络是把双刃剑，有利也有弊"的文章就采用了这种方法，它在开篇直接说："网络传播的煽动性可好可坏，网络传播效果具有双面性。"

同时，文案写手在使用"开门见山"的开头方式时，还需要注意以下几点：

（1）平铺直叙的开头难免有些枯燥，我们在撰写的时候，可以适当地使用一些叠词和韵脚处理，将文案内容写得朗朗上口。比如："铂爵旅拍，想拍就拍"，哈根达斯的"夏天很热，爱要趁热"。

（2）避免使用生僻晦涩的词语，其实，读者读不懂的文案就是低级文案。开门见山的开头目的是让消费者更快了解产品信息，而孤傲高冷的文风会与选择此类方式的初衷渐行渐远。

总而言之，开门见山也要合情合理，不牵强、生硬。要简明、干净利落，不能枝蔓横生、故弄玄虚，使人眼花缭乱，甚至厌烦，从而失去其应有的效果。

第三章

会讲故事的文案
才有杀伤力

好文案都开始讲故事了

经典案例回放：

蚂蚁金服形象广告片《认真生活的人》讲述了
22个普通人的故事：

朱广民 39岁 农民

以前，揣着攒了一年的钱回家过年，

半夜都得睁着眼。现在，不光钱，

连车票都在手机里，很踏实。

陈家荣 40岁 贫困户

去年7月，老房子失火被烧了，

最急的时候保险公司赔了我9000多块钱，

原来政府早就给我们在支付宝上买了保险。

朱俊颌　75岁　农民

替乡亲们写了一辈子字，

过年，村里的年轻人帮我用"到位"发了条消息，

没想到千里之外的广州人也来求字了。

黄天莲　62岁　农民

自从姑娘教会我用支付宝寄快递，

最喜欢隔三差五给她寄吃的，

想到她不回家也能吃到我亲手做的腊肉，

就很开心。

任中龙　19岁　大学生

靠着种地养猪，我妈一个人撑了这个家10年。

考上大学后申请了助学贷款，学费有了着落。

希望妈妈别再那么辛苦

……

案例分析：

　　蚂蚁金服的广告片里没有明星，只用22张海报讲述了22个故事。以用户的感受展示了蚂蚁金服渗透到我们生活的方方面面，传递了蚂蚁金服的使命和价值，以及为我们

的生活带来的改变。

较强的叙事性打破了广告文案内容单一的特点。将产品信息嵌入故事情节，不仅能引起观众们的好奇心和新鲜感，还可以使观众对系列广告留下深刻的印象，在潜移默化中接受产品，并对品牌产生好感。

那么，什么是好的故事呢？

好故事的身上有"刺"。让人内心毫无波澜的事情叫事实，令人感到扎心的，才叫故事。只有带"刺"的故事才能赋予文案穿透力，一针见血，直击读者内心，而"刺"源自精准的观察。

很多文案写手对故事的理解就是人物、情节、环境，确实，故事的定义本就是如此。但大多数情况，你只能写出一个完整却毫无波澜的故事。

文案大师威廉·伯恩巴克在一则文案中写道："我，麦克斯韦尔·斯内弗尔，趁清醒时发布以下遗嘱：给我那花钱如水的太太罗丝留下100美元和1本日历；我的儿子罗德内和维克多把我的每一枚5分币都花在时髦车和放荡女人身上，我给他们留下50美元的5分币；我的生意合伙人朵尔斯的座右铭是'花钱、花钱、花钱'，我什么也'不给、不给、不给'；我其他的朋友和亲属从未理解1美元的价值，我留给他们1美元；最后是我的侄子哈罗德，他常说'省1分钱等于挣1分钱'，还说'哇，麦克斯韦尔叔叔,买一辆甲壳虫汽车肯定很划算'。我决定把我 1000 亿美元财产全部留给他!"

他从细节中逐一刻画每一个人物,在最后不仅体现了"甲壳虫"汽车高性价比的特点,也刻画出一个勤俭智慧的车主形象。这种有"刺"的文案才可以刺进目标用户心里,建立起"甲壳虫"的实用形象。

与文案写手分享:

文案的重点在于沟通,而故事则是沟通的策略之一。从很久以前的洞穴壁画,到今天的电影银幕,很多故事在不停地流传,与人们的情绪产生共振。那么如何在文案中讲出一个好故事呢?

1. 围绕困境展开

相比平淡的情节,人们更喜欢"一波三折",让人忍不住想要知道主人公怎么渡过了困难,最终达成了什么样的结果。开头的困境就像是诱饵,指引着读者不由自主地进入故事设定的环境中,和其中的人物同命运共悲喜。比如,《少年派的奇幻漂流》就是一个很好的基于困境展开的故事。

我们在撰写文案的时候,可以考虑产品生产中遇到的困境,或者创始人有什么困境,等等。这些往往都是读者们喜闻乐见的点。

当然,故事型文案最怕的就是空洞。一个好故事需要在悬念、麻烦、困境、人物特点的多重配合下,才能饱满有张力。

2. 细节描写

先看两段细节描写：

文案 1：路边一位 60 多岁的老人，正在叫卖热乎的烤红薯。

文案 2：一位满脸皱纹、头发花白的老人，站在寒风凛冽的路边，身上穿的破棉袄因为太过破旧多处露出了棉絮，用沙哑的声音叫卖着热气腾腾的红薯。

对比之下，文案 2 一定比文案 1 让你看完更有想去帮老人卖红薯的冲动。因为文案 2 的细节描写，营造了一种画面感，刺激了读者的情绪。这种细节会让故事变得更鲜活，文案更富有感染力。

3. 真实

有些故事文案虽然不注重情节，甚至不设置情节，但能带给用户贴切的感受。真实的故事充斥着饱满且贴合现实的情绪，能够使用户产生强烈的代入感，激起情绪的波动。

4. 制造反差

"一个认真工作的大叔"和"一个穿着粉色卡通衬衫，认真工作的胡子大叔"哪个更容易吸引别人的注意力？对比带来的反差感会让人产生意外、泪点、新鲜感，增加文案的趣味性。一成不变的信息只能被观众的大脑过滤，只有给人惊喜的故事才能引起他们内心的触动。

在标题中融入故事元素

经典案例回放：

《令人惋惜！雪莉没留下遗书，日记最后一页只写着"痛苦"两字》

《王宝强送母亲"200"元项链，还借口说是李咏送的，原因感人！》

案例分析：

随着自媒体的泛滥，大家已经对标题党、信息流产生了厌倦，如何通过一句标题向人们贩卖产品逐渐成为我们的重心。面对用户的大门，你可以用力敲击，但不见得能顺利将其打开。不如试着在标题中融入故事元素，这种新颖别致的方式更容易将他们"骗"上"船"。

安妮特·西蒙斯曾发表过一个观点："用故事包装事实，是一种强大的力量，能够为人们打开心灵之门，传递真相。"标题的故事性会具有极大的感染力，避免用户对广告产生排斥感，在叙述的过程中潜移默化地将产品信息植入用户大脑中，唤起情绪共鸣，进而对产品产生好感。这类标题常见的有两种形式，一种是话不说完，比如"江苏6口古井水突然沸腾，专家考察后，结果让人目瞪口呆"这类标题，会引起用户挖掘结果的兴趣，最后触发点击。

另一种是故意制造神秘感，比如"一部让你大饱眼福的动作片，配角都是功夫明星，火了整整26年"的标题会引导用户在脑海中翻阅曾经看过的动作片，对号入座，通过留白激发用户点击的欲望。

所以，文案标题中的故事就像是散发着荧光的石头被投进了水缸中，用户面对浑浊的一缸春水，终不得见其全貌，不得不伸手将它捞出来，同时捞出来的还有我们的产品。

与文案写手分享：

在短短20个字左右的标题中，讲一个逻辑清晰、富有感染力的故事总是可遇不可求的，但总是有方法的：

寻找故事素材：

（1）从文化传承中寻找，故事与产品的切合点会更高。品牌历经多年的沉淀，总会有人对背后的故事感兴趣，利用这个情节便可轻易挑动消费者的心弦。比如，《一段深沉的爱铸成了德芙》《你可以轻易地拥有时间，但无法轻易地拥有江诗丹顿》等。

（2）从典故书籍或名人事迹中寻找，在深追过去的同时让用户印象深刻。比如，神级文案《梵高为什么自杀？》。

（3）从创业经历中寻找。人们热衷于企业家创业成功的故事，更热衷于他之前不成功的故事。比如，《因为理想，成了兄弟，因为钱，成了仇敌》《每天一睁眼要养50个家》。

（4）从产品源头寻找。一个产品从构思、研发、选材、生产……经历了无数次的思考与折腾，这也是一个很好的故事。比如，《你可能不知道，你正在品尝的是长白山的春夏秋冬》。

（5）让产品与用户的情感需求建立联系，通过成就感、梦想、孤独等情感唤醒用户的共鸣，实现品牌的目的。

（6）从人情伦理中寻找。比如，《结婚多年，原来我才是小三》。

在完成故事储备之后，我们就可以开始创作文案的故事标题了，可以从以下三个角度入手：

1.制造悬念

标题中的故事与传统故事注重时间、地点、任务等元素不同，它需要将最重要的信息藏在文章内，留出悬念，让读者亲手去解开这个真相。比如：《工地上收到北大通知书，但他说的这句话更动人》《东北小伙骑车回家过年，一个月后发现骑反了方向》。

2.制造冲突

冲突是一个故事的核心，冲突感越强烈对用户的吸引力越大。冲突可以通过转折来建立，可以尝试将"尽管、但是"等转折词放入标题中，完成冲突。比如：《谁能想到，这位16岁的少女，4年前竟是一位12岁的少年》。

3. 代入场景

画面感是衡量一个故事是否具有感染力的标尺，我们可以将故事细节化，使用动词将句子变成短句，让抽象的概念具体化，将用户带入创造出的场景中。比如:《他开了家深夜面馆，用地道的重庆辣子安慰下班的人，即使他们忘带现金》。

当然，没必要将完整的故事环节全部表现出来，只要将故事中最重要的片段展示出来就能达到激起用户阅读兴趣的目的。

在文案标题中讲一个故事，让用户在不知不觉中被吸引、被感动，进而点开你的文案，这就是故事型标题的魅力。

围绕品牌讲故事

经典案例回放:

德芙巧克力的设计是由"DOVE"字母变形而成，简单的几个字母，展开就是"DO YOU LOVE ME——你爱我吗"，德芙标志设计重点在它的寓意，以及它背后那凄美的爱情故事。

20 世纪初，在卢森堡，一个名叫莱昂的帮厨小伙因为经常洗碗刷盘，手上的皮肤被冻开裂了。当他用盐水清洗的时候，一个美丽的女孩走了过来，表示对他的关心。这个美丽的女孩是芭莎公主，两个年轻人的故事就这样开始了。

芭莎公主是王子的远房亲属，在王室地位很低。她是没机会品尝稀有的冰激凌的。于是莱昂每天晚上悄悄为芭莎公主制作冰激凌，慢慢地，两人互生情愫。当时，尊卑观念很严重，他们都没有将自己的感情向对方说出来。

卢森堡和比利时订立了盟约，而芭莎公主被选为联姻的对象。莱昂决定向公主表白，他在送给芭莎的冰激凌上，用热巧克力写下了"DO YOU LOVE ME"的英文缩写"DOVE"。希望芭莎看到后，能够明白自己的心意。

可是，芭莎在吃冰激凌前发了很久的呆，以至于热巧克力融化了，芭莎没有看到莱昂的表白。几天后，她出嫁了。莱昂带着一颗伤痛的心离开了卢森堡去了美国。

多年后，白发苍苍的莱昂和芭莎几经辗转又见面了。莱昂得知，当年芭莎其实吃了他送给她的巧克力，但因为巧克力融化，没有看到他的表白。因为不确定莱昂的心意，只能听从王室的安排。

误会解除了，芭莎却很快离开了人世。莱昂悲伤不已，如果当年那冰激凌上的热巧克力不融化，如果芭莎明白他的心意，那么他们的命运会不会和现在不一样？

莱昂决定制造一种不会融化的固体巧克力，经过一番研究，德芙巧克力问世了。他在每一块巧克力上都牢牢刻上"DOVE"，以此来纪念他和芭莎那错过的爱情。

案例分析：

品牌故事的定义有很多种，最直白的就是品牌背后的故事，比如，德芙背后的故事。巧克力主要象征着爱情，在相识相知的恋人心中，巧克力被称为"浓情巧克力"，它与玫瑰花相配是情人节最珍贵的礼物。而德芙将这种对爱情的美好向往发挥到极致，这段凄美的爱情故事赋予了它强烈的愿景，当人们将德芙送给自己心爱的人，就意味着送出了那轻声的爱情之问：DO YOU LOVE ME？这也是德芙在提醒天下有情人，如果你爱他，请及时让他知道，如果爱，请深爱。

品牌故事不能只停留在品牌手册上，而要留在大众的心中。坊间有一段关于苹果公司的传说，虽然是网友杜撰，但传播效果非常明显。

"有人说，有三个'苹果'改变了世界：第一个诱惑了夏娃，第二个砸醒了牛顿，第三个握在乔布斯的手里。"这样极具穿透性和传播力的故事让人高山仰止。

与文案写手分享：

人们总是会不知不觉被故事打动，而且喜欢听别人讲一些有意思的事情。所以，故事化沟通是很好的信息传递方式。一个能够流传的优秀品牌故事要掌握三个核心要素：

1. 明确品牌的核心价值观

菲利普·科勒特曾说："故事营销是通过讲述一个与品牌理念

相契合的故事来吸引目标消费者。在消费者感受故事情节的过程中，潜移默化地完成品牌信息在消费者心智中的植入。"一个被赋予品牌理念的故事，展现的正是品牌的核心价值观。

比如，褚橙的创始人褚时健将普通橙子打造成为"励志橙"。褚橙背后的品牌价值观就是"励志"，这就是褚橙区别于普通橙子的核心因素，褚橙浓缩的是褚时健虽起于青萍之末，却不曾放弃的精神。

明确品牌的核心价值观，我们就找到了故事的主题，甚至只需要一两个字就足以概括。德芙背后是"表白"，苹果背后是"引领"。无数的故事，背后都有一种情感或情绪作为支撑。

2.发掘冲突

冲突可以增加故事的可读性，推动情节，渲染情绪。德芙背后的故事就是表达心意和不敢开口的冲突；褚橙展现的是褚时健人生起伏跌宕，胜与败的冲突。所以，创作故事的第一步就是在痛点中发掘具有传播力的冲突，然后将其放大。这个过程就是写实的过程，通过代入真实的情节，让故事变得真实。

3.品牌故事附着产品

没有实体的支撑，再美的品牌故事也会苍白无力。产品承载着品牌故事背后的理念，是一个品牌有效的依托。这就要求我们通过对产品的包装、细节等方面的处理，将品牌故事附着在产品上，增加品牌故事的魅力。

比如，褚橙产品包装上有关"励志"的话，让产品显得更加温情。"别太较真，但必须认真""人生起起落落，精神终可传承"等话语突出了褚橙与众不同的励志精神。

不以情节见长，却贵在真实

经典案例回放：

华为的春节宣传片《总有那么一扇门，在等你回家》，讲述了一个在外打工的男人，因工作原因总是无法回家。"我好像一直都很忙，忽略了很多事情。平时忙，自然就很少回家。一年到头，也就是过年才回去几天。每次回去，都有两种不同的心情，一种是期盼，另一种是自责。"

春节将近，不能忘了老家的父母，于是他毅然决然丢下工作，驱车行驶千里，直奔老家。当站在家门口看见和小时候一模一样的家门时，思绪万千。"以前我好像从来没有关注过我家的门，因为在我的印象里，它总是开着的。后来离家、求学、毕业，工作也越来越忙，回家的次数也越来越少，唯一的陪伴也只剩下了手机，从那时候开始，那扇门也渐渐地关上了。"

"站在同样的门前，十几年的时间就这么过去了，我长大了，他们老了。他们每天互相搀扶的生活，再也没有我的身影。"

案例中，每句话都能够调动人们的感官，在外打拼的艰辛、无法陪伴父母的愧疚，在脑海中被自觉勾勒出来，仿佛就是自己的真实写照，怎能不给人留下深刻的印象。

案例解析：

广告中的主人公就是大多数人的真实写照。也许在很多人看来，春节时，在百忙中回家是一个千年不变的老梗，但真实地吐露出每一个在外游子的心声。文案通过"门"让爱真正回家，传递了华为的品牌温度，而不再是我们看到的冷冰冰的科技产品。

一个源自真实故事的文案，朴实的语言，没有华丽辞藻的堆砌，寥寥几句就勾勒出一个清晰的场景，从而使用户产生代入感。

比如，有网友讲了自己北漂租房的故事："退租时被房东以各种理由克扣押金，当时自己失业，我和男朋友计算好退的押金是下个月的饭费。我靠在门上，各种撒泼耍赖，不退押金就不让房东离开，最后还是男朋友抱着我，让房东走了。出来后，两个人坐在马路上抱头痛哭。"网友说：

"他心疼我，我心疼钱。"

这样的小故事，虽然没有跌宕起伏的情节，却是生活中最常见的事情，很多北漂过的人看后大概都会湿了眼眶。

为什么真实的故事更容易打动人？心理学家荣格是这样形容"原型"的："它是一种记忆蕴藏，一种印记或记忆痕迹，是某些不断发生的心理体验的沉淀。每一个原始意向中都有着人类精神和人类命运的一块碎片，有在我们祖先的历史中重复了无数次的快乐和悲哀的一点残余。"

"真实"型文案中不论是角色、还是情节，最好都是生活中常见的、真实发生的，这样才能激起用户的共振。

比如说某希望基金拍摄的创意短片《不怎么样的25岁，谁没有过》，讲述的就是著名导演李安在25岁时出去面试，结果他的简历被各企业高管痛批的故事，这份简历甚至还被评价为"HR不会通过""第一瞬间就刷掉了"。结果在多年后，李安获得两次奥斯卡金像奖。

这个短片引起了广泛的社会讨论，其"原型"在年轻的时候简历被各企业高管痛批就是生活中十分常见的一件事情，而最后的逆袭也是人们常常幻想在自己身上发生的，这样的故事很容易引发用户的共鸣。

拥有"原型"的故事，打动用户的门槛很低，它们可以激起其心里原本就存在的情感经验沉淀。

与文案写手分享:

真实的故事文案通常会给人一种细腻的感受,不在于语言的华丽,也没有曲折起伏的情节,而在于真情的默默传递。

1. 留心观察生活,积累素材

一切丰富而鲜活的素材一定来源于生活。所以,文案写手要在日常生活中主动观察、记录和思考。临摹他人的作品终归是下乘之作,优秀的作品是品味生活、有感而发的。生活中的所见所闻,需要随见随记,为之后的创作积累素材。

2. 接地气的表达

只有用户看得懂、乐意看的文案,才能快速融入群众,拉近彼此距离。接地气的表达使用白话、实话等传递信息,让用户更容易理解。

比如,台湾掌生谷粒的文案:"左思右想呀……你吃得饱不饱? 不烦不猜啦,心又一念头,那你喝得好不好?"

万达广场招商中心的文案:"万达广场就是城市中心。"

3. 场景变化,让故事更立体

场景的变换,可极大丰富故事内容,给读者描绘一个立体的时空,有利于烘托气氛,突出故事主题。

与长篇小说或者电视剧不同的是,就一个文案故事而言,故事的场景相对单一,甚至特定,具有唯一性和不可复制性,如某个特殊的家庭、某个事件的突发现场等等。我们可以将单一的场景划分为更为细致的几大板块,降低变换的难度,同时配合可变性强的环境因素，如天气等，烘托故事气氛。

　　此外，文案写手在写这种类型的文案时，要掌握好分寸，既不能过于平淡，也不能一味地追求感官刺激，让人觉得过分煽情或矫情，恰到好处才能造就一篇成功的文案。

第四章

如何高效利用『用户思维』

文案给谁看？目标定位很关键

经典案例回放：

谈起酒文案，江小白绝对是酒品牌中最会写文案的一个，别具一格，深入人心。也许，比起酒，它的文案更受年轻人欢迎。

关于生活："一个人的行走范围，就是他的世界。"

关于爱情："我在杯子里看见你的容颜，却已是匆匆那年。"

关于朋友："愿十年后我还给你倒酒，愿十年后我们还是老友。"

关于青春："年轻要活得痛快，年长要活得自在。不说错话，不做错事，青春白走一回。"

关于自己："我们总是走得太急，却忘了出发的原因。跟重要的人，才谈人生。"

关于亲情："多少次朋友圈里的孝顺，都不及一次回家。学会喝酒后，才真正开始懂老爸。"

关于孤独："所谓孤独就是，有的人无话可说，有的话无人可说。"

案例解析：

一篇优秀的文案，在抓住用户痛点之前，首先要明确你的产品定位了怎样的目标群体。而明确自己的用户是谁，这是很多文案写手都会忽略的重要问题。

江小白能够在众多酒品牌中异军突起，就是因为江小白一开始定位的目标人群非常精确，是那些追求简单轻松生活的年轻群体。相比为高端人群设计的传统白酒，江小白则是一款更适合年轻人的酒，将白酒与年轻人真正连接在了一起。

与前辈相比，年轻人更加感性，也许在看惯人生沉浮的老一辈人眼中，这些文字似乎有些矫情，但它们可以直接与年轻人擦出火花。这些内容往往都是年轻人比较关心的，对他们而言，喝的不是酒，而是情怀。

为了定位目标人群，江小白在推出之前做了一系列调查，最后将人群定位在了 18 ～ 28 岁的年轻人。这些人往往刚刚离开学校，与好同学、好朋友分别，从单纯的环境踏入了与学校完全不一样的社会。他们开始追求梦想，对于任何事情都充满干劲，但是也容易遇到危机，比如亲密恋人变成最熟悉的陌生人、事业跌入低谷、朋友走着走着就散了等等。这个时候，难免用酒来消愁。江小白的文案，正是从这些年轻人的各种情绪出发，让其表达和释放，符合他们的心境。

好的文案不是写给所有人看的，而是为目标群体量身定做的。尤其是在那种特定的节日或者特定的某一次营销中，文案的内容就更应该是为某一个特定人群打造的。

与文案写手分享：

文案写手怎样才能确定产品的目标人群呢？

1. 利用假设去设定

文案写手在创作文案时，想要让文案与用户产生共鸣，不妨利用假设从多个角度去考虑用户的需求。比如，从用户的性格、年龄、学历、爱好、工作、收入等方面去假设，然后观察与产品的契合度，进而去选择定位。比如一款减肥产品，就可以从以下几个方面考虑：

年龄：多大年纪的人会格外在意自己的身材呢？应该是爱美的、陷于热恋中的女性或者产后、中年发福的女性为多。

收入：减肥想要见效肯定是需要长时间使用，所以说，收入只能勉强维持温饱的人群并不适合，应该是收入中等偏上的人群。

区域：经过研究调查发现，越是大城市的女性受到环境和收入的影响，越是会关注自己的身材，所以说一线和二线城市应该作为推广重点。

性格：通常来说，懒是胖人的通病，而且性格比较温和。所以，喜欢上网，通过各种社交媒体交流，因为自卑不愿出现在人前，而且自尊心较强，文案写手便可以从这些角度去写文案。

爱好：关注自己身材的人一般都会喜欢去浏览哪些网站？应该喜欢关注减肥达人，减肥权威专家微信、微博、空间，浏览减肥论坛，等等。文案写手可以通过这些去确定产品的针对人群具体有哪些。

当然，这些也不是唯一，灵活多变的假设可以帮助文案写手确定目标群体，多加尝试，就能提高自己的经验。

2. 从身边出发

文案写手也可以通过向身边具有不同条件的朋友咨询，了解某一类群体的烦恼有哪些，并根据他们的建议来定位产品的目标群体。

3. 用户反馈

从用户的反馈和评价中来分析自己之前的定位是否恰当。基于用户评价的真实性，这样还能够帮助文案写手发现之前没有注意到的细节和用户需求。

4. 社会问卷

通过社会问卷，从大数据中进行分析，定位的用户一般都比较准确。文案写手通过数据分析定位目标人群之后，再创作文案就比较保险了。

文案写手不论写什么类型的文案，只有找准目标人群，才能找准用户的痛点，真正将产品卖出去。做好了这一点，才能让文案更加受欢迎。

什么是自嗨型文案？如何避免

经典案例回放：

案例一：单纯谈论现象而言，"自嗨"型文案常见于地产行业，比如："贵族领域，绝对官邸；欧式贵族，尊崇人生""品质传承，荣耀人生""一个街区，缤纷一座城市"等。

案例二：有一款老字号凉茶，叫作五加皮。主推的痛点是百年老字号，但销量并没有走向全国，甚至很少有人知道这个品牌。

案例分析：

自嗨型文案最大的特点就是语言华丽、多用修辞、讲究对称。此类文案写手更像是语言学家、修辞学家和诗人。他们把文案写作等同于构思修辞，研究用词，努力把朴实无华的表达变得更为美丽和高级。

自嗨型文案乍一看，非常"高大上"。细想之下，却没有得到任何有效的信息。案例中"贵族领域"和"百年老字号"之类的高级表达并没有描述出产品的任何特色、差异点和优势，通俗来讲就像弱弱地说了一句"我们的产品很好"罢了。高端、奢华的背后一片空洞，和产品产生不了任何关联。

　　例如，文案大V李叫兽曾举了一个例子来描述自嗨型文案写手。当我说"我手中拿着一个菠萝"，你的脑海中自然会出现手拿菠萝的画面。如果我说"智掌未来"，你大概会蒙圈，"明智地用手拿着未来"是什么鬼？根本不能通过这句话联想到任何产品。

　　自嗨型文案写手才不会考虑用户能否接收到清晰的内容，他们更希望自己的创意和技巧能够尽情发挥。事实上，他们只不过是在借用华丽的语言来替代空洞的内容罢了。文案一旦失去内容，只剩下华丽的辞藻堆砌，就失去了文案的价值。

　　一个乞丐在饭店旁边乞讨，他面前的牌子上写着："无家可归，帮帮我吧。"结果帮他的人寥寥无几。一个路过的心理学家把他牌子上的话擦掉，换成了"你要是饿了会怎么样？"，乞丐在2小时内收获了60美元，是他之前收入的好几倍。

　　为什么？很明显，之前乞丐的"无家可归，帮帮我吧"，只不过是站在自己的角度，写自己的感受，路人会觉得，这和我有什么关系？而心理学家写的"你要是饿了会怎么样"，则是从路人的角度，写路人的感受。奔赴饭店的人，多半都会饿着肚子吧。他们感受到了饿的感觉，自然就会同情乞丐的感受。

所以，文案避免自嗨无非是从用户的需求出发，从用户的视觉来写。为什么企业找文案的时候，总是不自觉地选择自嗨型文案呢？这是因为人的第一直觉是采取自我视觉，用户视觉是反直觉的，直白地说，用户的视觉并不是我们大脑本身想干的事。

就像开咖啡店的店主会给自己的咖啡店定位"醇香世界""简约时光"，认为这些有格调、高雅的词语肯定能打动消费者，却不知道消费者对这些根本不动情，因为他不知道这些和他的生活有何关系。就像我们在参加完公司的周年庆典后，会发朋友圈说"某某庆典圆满结束"，而不会考虑别人真正想看的是什么。

一个著名的文案写手说："世界上最廉价的东西是什么？一惊一乍与形容词。"自嗨型文案写手致力于创造的就是这样的文字组合，不仅传递不出任何有用信息，而且用户压根儿就不理解表达的是什么意思。

与文案写手分享：

为了避免自嗨，文案写手写文案时可以在脑海中形成这样一个意识："目标用户看到我写的文案，能够在大脑中调用什么记忆？"如果无处下手，文案写手不妨先做一个文案要点的清单：

1. 用户能够理解文案内容

文案写手在写文案时，要确定用户在看到文案的短时间内就能够理解文案传递的信息是什么。毕竟，用户对一个信息的审阅时间不会很长，如果文案内容不能做到一目了然，用户很可能会直接放弃阅读你的文案。

比如说，文案写"这个房子如梦似幻一般"，梦幻的模糊感会让用户很难理解，如果写"这个房子就像皇帝的王宫一样"，意思就清晰明了。

2. 文案与用户的利益点相联系

产品的卖点也就是用户的痛点，并不是仅仅罗列出来就可以了。单纯地推销自己的优势远没有推销为用户带来的利益更有效果。比如：两个卖橘子的小摊，一个牌子上写着"甜如初恋"，另一个牌子上写着"五元四斤"，结果可想而知。

总而言之，文案写手在写文案时，不要啰唆，更不要云里雾里说一些看着很高大上其实很空泛的语句，用简单的话将痛点描述出来，让用户看得懂非常重要。

比如，文案写手如果在写耳机音质好的时候用"犹如置身音乐会现场"；写笔记本噪声低，"闭上眼睛，感觉不到电脑开机"……这样，让用户有了切实的体会，当看到文案的时候，他们会联想到在音乐会现场听歌是什么感受，笔记本噪音究竟有多低。如果他们正好有了这种需求，或者说本身存在这种问题，而你的产品正好能够解决，文案的目的就达到了。

卖点：你要写好处，而不是写优势

经典案例回放：

案例一：某某养生补酒，传承传统文化，承载传统酿酒工艺，少量酒精成分配以枸杞、人参等植物性营养成分，是您养生保健的佳品，本产品曾荣获"某某"奖项。好原料带来好味道，好味道带来好品质，好品质给您真正的健康。

案例二：中秋佳节，椰岛鹿龟酒发出了"多吃易积食，鹿龟酒暖身助消化"的广告文案："大闸蟹性寒凉，忌多食，椰岛鹿龟酒抵消寒性，放开吃""有我椰岛鹿龟酒，告别油腻""补肾益气，我和酒糟毛豆才是王道 CP"。

案例分析：

如果文案内容简单直白地罗列了公司经营的全部业务或产品，或者像说明书一样详尽介绍产品和服务的主要功能，看似将产品的各种优势一一摆上台面，能让消费者更全面地了解产品。事实是，产品服务好、质量好、信誉好，这些优势的罗列，很可能让用户觉得平淡无趣，更不知道这么多优势和自己有什么关系。

文案写手最大的误区就是将产品的功能优势当成了卖点，期望用这些优势打动消费者。而用户关心的则是产品能带给自己的好处，而不是产品的各种功能。只有明确地把这个好处告诉他，让他意识到用这个产品可以给自己带来的切身利益，他们才会停下脚步来了解产品。

比如你在讲一款音频付费产品的用户体验故事，两种说法：

A. 林丽喜欢使用这款听书产品，因为这款产品使用起来很便捷。

B. 林丽喜欢在每天上下班的路上用这款产品听书，这样不但能充分利用每日的琐碎时间，还能减少厚厚的书籍给自己带来的不便。

哪一个文案更能打动人？

以上两种描述虽然都传递了产品"让学习更方便"的信息，但文案 A 只是交代了产品的特点，并不能让用户真切感受到它的便利，而文案 B 从用户的角度出发，减少携带书籍为自己带来的不便，这样更能打动用户。

用户关心的产品好处源自自己的心理需求。多数时候，我们能够明显感知到的都是显性需求，而一般的功能就可以解决这种需求。比如，夏天天气酷热，人们有对舒适温度的需求，空调可以解决；有人害怕万一得病后，没钱看，保险业务可以解决这个"恐惧"；有人厌恶蟑螂在地板上跑，蟑螂药可以赶走这个困扰。

也就是说，在用户的显性需求背后会有非常多的选择。那么，用户凭什么选择你的产品而不是别的？比如，大家都有买手机的需求，选择哪个品牌、哪个款式，取决于他们更为隐藏的内在需求。

比如一个手机，对正常的消费者来讲，它能满足的主要需求就是无线通话功能，但对一个离不开网络的人来说，它就要满足自己的上网需求。而文案写手的主要工作就是提炼，按照我们所设定的目标消费者的需求，来展开信息提炼工作。提炼出来的点，就是好处。

由此可知，产品的好处和优势的最大不同就在于，好处具有独特性，可以在同类产品中独树一帜。而优势则是同类产品都具备的，只能淹没在同类的人群中，不能提供给消费者一个选择的特别理由。

与文案写手分享：

对文案而言，没人会在意你的产品有什么功能、用料多么珍稀、科技多么先进……你绝不能预设你的读者都很聪明或者有耐心，只需要将自己产品的优势和特色罗列出来，他们就可以自己解读产品的好处。你必须帮他们完成这项转换工作，FAB法可以帮你做到这一点。

"F"解释为属性，指的是产品区别于同类产品的特性；"A"解释为作用，指的是用户使用产品后产生的效果；"B"解释为利益，指的是产品为用户带来的好处、解决的实际问题。

以猫和鱼举例：

一只猫很饿，吃饭是它的需求。销售员放下了一堆钱，但是这只猫无动于衷。钱只是一个属性。

销售员说："这有一堆钱，足够你买很多鱼。"猫依旧无动于衷。可以买鱼是钱的作用。

销售员又说："这有一堆钱，能让你买很多鱼，你就可以大吃一顿。"猫就会拿起这堆钱。这就是一个FAB的过程。

通过层层递进的表达，思路清晰，卖点简练，使三者紧密地连接在一起。用户不仅看得懂，还能加强对产品的信任。找到用户的需求是重中之重，只有真正清楚用户的需求，才能将产品的属性引申至作用，进而表达产品为用户带来的利益。

比如，你想要将鸡胸肉卖给健身达人，你就需要洞悉目标用户的需求：增肌不增脂，从而实现低脂高蛋白—无油烹饪—增肌不增脂的过渡。简单讲，也就是一个传递产品信息、增加产品说服力、刺激痛点的过程。

如果一开始没有抓住痛点，就无法发挥FAB法则的作用。

用户希望买一件保暖的衣服，你一直宣扬自己衣服的款式，这种情况就无法完成从产品属性到用户需求的转化。

痛点：你的文案扎心了吗

经典案例回放：

京东金融推出过一则名为"你不必成功"的文案，内容是这样的：

"你不必把这杯白酒干了，喝到胃穿孔，也不会获得帮助，不会获得尊重。你不必放弃玩音乐，不必出专辑，也不必放弃工作，不必介意成为一个带着奶瓶的朋克。你不必在本子上记录，大部分会议是在浪费时间，你不必假装殷勤一直记录。你不必总是笑，不必每一条微信都回复，不必处处点赞。"

"你不必在深夜停车之后，在楼下抽支烟再回家。你不必背负那么多，你不必成功。别用所谓的成功，定义你的人生。京东小金库，你的坚持，我的支持。"

案例分析：

　　越来越多的人被高涨的房价、父母的催婚和复杂的人情往来等各种压力编织的大网紧紧禁锢，努力到无能为力，却依然找不到出口……这则《你不必成功》的文案就像一个懂你泪水的朋友，站在一群懂你笑容的朋友里，诉说他看到了你的付出、你的努力、你的不容易，轻轻抚慰你内心最柔软的地方。

　　人的满足一般由两种状态构成，一种是理想状态，一种是现实状态。这两种状态，处于平衡之中时人们就会相对满足。当一个人的现实状态达不到理想状态时，就会衍生出各种各样的问题，人们的痛点就在这些问题中。简单来说，用户痛点就是用户在生活或者工作中遇到问题，需要一种解决方案来化解生活或工作中的阻碍。

　　比如，当你打算买一辆车时，一辆车具有定位防盗功能，能报警，能看到车辆位置，再也不怕丢了，而另一辆车没有这种功能。这时，"怕被偷"就成了你的痛点，所以"防盗电动车"就成了你的需求。

　　再比如，洗衣店的文案如果只将目光锁定在洗衣服上，那自然会面临很大的局限性。如果能够从用户的时间、怕麻烦的角度出发，就会发现用户还有出门送衣服难的问题。然后，文案中就可以加入店家通过联系同城快递，上门取衣、送衣来简化流程的信息。

在创作文案时，如何找到用户的痛点和需求，以及如何将这些因素与产品产生很好的联系，是每一个文案写手都要面对的难题。而找到了用户的痛点，基本上就拿到了解决问题的钥匙。很多产品之所以能够成功，就是很好地切入了用户的痛点，不断深化，提出了一套言之可行的方案。

与文案写手分享：

要快准狠地找到用户的痛点，一定要了解用户真正的需求。比如，用户说要一匹更快的马，其实要的是更快的交通工具，适合的是汽车。比如，用户说要买锤子去砸钉子，其实是要挂东西，适合的是一个质量好的粘钩。真正的用户需求，往往不易察觉。所以，痛点的把握应从哪里入手？

1. 构建场景化解决方案

场景化是指特定的人群在特定的时间和地点，使用了我们的产品，解决了人群所需的某一问题。场景化的构建能够使用户产生画面感，从而使产品为用户带来的利益更加直观。比如，中国移动的农村墙面广告"中国移动手机卡，一边耕田一边打"，解决了农民朋友在田地中劳作不方便接打电话的问题。

2. 不断细分

用户的痛点一定要有精度，不能泛泛而论。可以根据产品自身的属性入手，只有站在用户的角度看待产品的特点，才能找到痛点。

一个产品不可能让所有用户满意，只要能够满足核心用户的需求，那就足够有竞争力。在寻找用户痛点时，我们不应该把精力过多放在"全"上，更要放在"精"上。

比如，加多宝能成功的原因就是牢牢抓住了"上火"这一痛点。虽然上火这个概念本身就不严谨，缺乏科学依据，但一提到这两个字，用户都会深有体会。所以，加多宝是针对上火这个痛点，精准切入后提供的解决方案。当我们不断去细分产品的属性和特质时，往往能够发现用户的痛点。

3. 从用户主动性上入手

当目前市场还不能满足某些需求时，有的人甚至会花钱去解决眼前的困难。比如外卖，当各种送餐软件尚未成熟时，这个痛点早已存在，那时人们只能选择买方便面或者速冻食品，口味单一，并且不够方便。这个时候，用户因为时间成本而渴望的上门餐饮服务，就是一个刚需的痛点，一旦解决了这个痛点，潜在的价值将不可估量。

4. 以情动人

以情动人是为了与用户产生情感共鸣，或引起用户的心理反应。这就要求我们能够洞察到用户的情绪，并将其融入文案内容中。比如某英语培训班的文案："你有多少次下定决心学好英语却又半途而废了。"将拥有此类行为的用户带入其中，引起用户共鸣。

我们要善于发现用户主动花钱来解决的痛点，这种痛点已经深深困扰着用户，你若能拿出解决方案，必将成功。

痒点：写出独特、鲜活的细节

经典案例回放：

星河湾的一则广告文案《一夜之间，北京的井盖全消失了》：

消失了，什么都没有了，那些与井盖相关的记忆全失去了，没有人再感怀失去井盖以后那吞噬人的骇人的洞口了。清静的夜晚，也再听不到汽车压井盖时发出的难听巨响了。

井盖全消失了，之前谁都知道井盖话题是一个社会问题。拥有尖端太空技术的人类，无法处理城市井盖管线体系的头疼问题吗？井盖只能大量盘踞在道路中央吗？大家认为路中间有很多突起的青春痘好看吗？

井盖消失了，它们真的消失了，在北京星河湾，能够比常规的道路降噪80%的特殊工艺铺就的路面上。井盖消失了，出于一套复杂的技术支持，出于一个朴素单纯的愿望："走在路上，谁愿意人和车总是有忧患意识呢？"

星河湾，开创中国居住的全成品时代。

案例分析：

星河湾的豪宅广告文案，没有使用尊贵、高端、奢华、品味等空洞的词语，而是讲述了自己利用特殊工艺铺就的路面，没有井盖、降噪 80% 的特点。它找到了自己产品中不为人知的细节，来放大它，突出整体的特殊性，表明自己无所不用其极的豪宅特性，从而刺激人们心生向往的痒点。

痛点是消费者必须解决的问题，而痒点是消费者的欲望。如果你的文案中，产品不能解决用户切实的问题，又不能满足他们心中的欲望，那他们就很难产生购买的想法。比如，当我们描述"这是一款智能无线路由器"时，用户可能并不会对此产生兴趣。如果我们说"你可以在上班时用手机控制家里路由器自动下载电影"，这种突出产品细节的方式就会产生很好的效果。

细节才能让你和别人有所区别，让你在同等竞品中脱颖而出。在广阔的手机市场上，各种品牌的手机让人眼花缭乱，看起来都是一个屏幕几个按键。但它的内部结构是不同的，比如有些手机像素高、有些触控反应好、有些容量大等，这些就是让同类产品出现差异的细节。

与文案写手分享：

每个产品都是产品制造者打磨了许久才创造出来的得意之作，都有自己的独特之处，我们应该怎样在文案中用独特、鲜活的细节来刺激用户的痒点呢?

1. 了解产品

我们只有对一款产品足够了解,知道它的每一个细节,才能创作出让消费者心痒的文案。小米的文案很吸引人,其中很大原因就是小米很擅长在微小的细节之处做延伸,让用户感受到这款产品与其他同类产品的不同。

比如,小米移动电源这个产品的策划团队在制定文案时,初稿是"小身材,大容量"。经过层层筛选后,小米的这款产品直接定的是"10400毫安时,69元""LG,三星国际电芯,全铝合金金属外壳"。整个文案显得简单、直接,又不乏细节。而这些,都是建立在文案写手对产品的各项功能、性质、特点等都非常了解的基础上,才能有效完成的。

2. 拆解产品细节

当我们亲眼见到一款产品是如何制作出来的时候,不由得心生感慨,叹服发明者的巧思。以食物为例,它给人最深的印象并不是上桌的那一刻,而是它的制作过程。在我们的记忆中都有母亲在厨房中忙碌的身影,我们嗅着诱人的香气,引颈期盼每一道菜的上桌。这个迷人的过程,不该被"一小勺盐"或"少许酱油"这样的空泛词语挡在门外。

文案的创作同样如此,要让用户感受到我们文案中产品的独特之处,向大家展示产品的制作过程,就是最有效的方法之一。再以食品料理为例,现在很多料理的做法早就不是秘密了,即便我们知道每一道菜的食谱，也很难做出一样的味道，更不用说像刀工、味觉等这些需要经过长时间练习和体会的经验了。

3. 把握生活中的细节

人们的痒点一般存在于生活中的某些细节中，尤其是微不足道的地方。一个好的文案写手需要具备强大的洞察力去挖掘这些细节，从而确认大众的感情点。将生活中的细节灵活运用到文案创作中，会更加容易带动用户的情绪。同时，在细节描写时，在语言运用上要简洁，以少胜多，以最小的面积承载最大量的信息内容。

因此，我们所展示的细节不仅能够让用户心痒难耐，也要让同行发出"居然能做到这个程度啊，真不简单"这样的赞叹。当用户感受到这款产品独特的魅力时，就证明文案中独特、鲜活的细节已经刺激了用户内心的痒点。

真正的文案高手是提供解决方案的人

经典案例回放：

案例一：OPPO 手机，充电五分钟，通话两小时。

案例二：vivo 手机，逆光也清晰，照亮你的美。

案例三：加多宝，怕上火，喝加多宝。

案例解析：

OPPO手机洞察到年轻人既希望手机轻薄好看，又不希望因电量使自己与世界失联。但手机轻薄就意味着电池板不能加厚，这时"充电五分钟，通话两小时"应运而生。从而解决了轻薄美观的手机续航能力差的窘境，同样，"逆光也清晰"也是这个道理。

所以，创作一篇文案的第一步就是明确目的，也就是如何帮助人们解决什么样的问题。只有完成这一步，才能找到产品特点、用户诉求点，进而吸引用户的眼球，唤醒人们的情绪。就如上述案例一样，精准地找到用户需要迫切解决的问题，并提出切实可行的解决方法。

基本上，用户不会将太多时间浪费在广告上，所以一份优秀得体的文案必须去其糟粕，取其精华，将最好的解决方法献给用户。从产品上满足他们的实际功能需求，或者从精神上满足他们的心理需求。人们能够轻松获得自己想要的信息，并且这些信息切实解决了自己的问题，才会对产品更加青睐。

用户需求的产生就是因为存在这个问题，当文案能够解决困扰用户的问题时，销售就会因此产生。

与文案写手分享：

发现问题，才能更好地解决问题。这种类型的文案，文案写手首先弄清楚用户存在的问题是什么，进而通过这个点将解决办法在文案中表达出来。那么，这种解决问题型的文案究竟该怎样写呢？

1. 利用逆向思维去发现问题

当文案写手面对一款新的产品时，很多时候会感到无从下手。如果直接描述产品的功能，显得太过单调枯燥；如果天花乱坠地乱说一气，可能抓不住用户的痛点。

这个时候，文案写手不妨用逆向思维来思考。比如，先从产品的优势可以解决用户什么问题出发。得到明确的答案之后，再去观察目标群体是否存在这样的问题。等到产品优势和目标群体属性匹配之后，文案的创作就会顺利很多。

比如说，加多宝的广告语："怕上火，喝加多宝。"明明是一款饮料，功能就是解渴，为何加多宝要去强调"上火"的属性？因为这就是加多宝饮料本身存在的产品优势，它是一款凉茶饮料，异于茶类饮品的优势就是当人们上火或者食用比较辛辣食物时，能够给人们带来清凉的感受，祛除火气。

所以它并不是一款单纯的饮料，而是消费者出门在外能预防上火的饮品。与其优势匹配的用户在吃火锅、上火的时候，就会在第一时间想起加多宝。

2. 将优势大胆写出来

在文案中，产品的突出优势越能解决用户的问题，产品就会越受欢迎。当然针对不同的人群，解决问题的关键点也不一样。

比如说，磨砂膏，如果以"深层清洁"为卖点，它能解决的问题就是"沐浴露无法洗干净死皮和深层污垢"，文案可以定为："深入毛孔，'扫'出污垢，给身体来一次'大扫除'"；如果以"天然"为卖点，它能解决的问题就是："生活用品化学成分太多"，文案可以定为："植物原液基底，更易吸收，与肌肤浑然一体"；如果以"柔软"为卖点，它能解决的问题就是："磨砂膏颗粒细腻"，文案可以是："不痛不花皮，温柔待你"。

根据针对的目标人群不同，文案写手给出的解决问题的方法也应该有侧重点。

3. 用事实去获得用户信任

具有事实依据这种客观理性信息的文案，很容易获得用户的信任。所以，文案写手在给出问题的解决办法时，不妨写一些既定的事实，为文案的核心观点和用户的诉求找到合理化的支持。就像是麦当劳的文案"已卖出数十亿汉堡"，因为好吃、美味这种既定的事实，然后通过数据，给予用户最直观的感受。

文案写手在写解决问题的文案时，要注意的第一个问题就是自己能够精准地发现用户的问题是什么，这样才能对症下药。如果连问题都弄错了，问题的方法写得再好，产品的优势再怎么突出，也于事无补。

第五章

调动用户情绪，制造共鸣

如何调动用户的阅读情绪

经典案例回放：

以走心文案著称的江小白,《不再爱你》系列
如图 5-1、图 5-2 所示:

图 5-1

图 5-2

案例分析：

如果在某个时刻，你对某句话或某篇文案感触良多，那

一定是你的某种情绪或欲望被眼前的东西勾起。一个用户在购买行为产生之前，一定是在某种特定环境中看到某产品的广告，产生购买的欲望，从而导致购买行为的形成。

1. 情绪与文案的联系

事实证明，大多数人都存在冲动消费，而影响人消费的主要因素就是情绪。在创作文案的过程中，情绪是一个很容易产生效果的切入点。像一直占据主流风向的正能量和最近异军突起的负能量，它们的出现正是击中了用户的情绪诉求。人的情感都需要一个宣泄口，而这个宣泄口可能是一个人，也可能是一个故事，也可能是一段扎心的文字。因此，将情绪作为切入点的文案往往更容易引起共鸣。

2. 融入情绪的前后差别

比如，一份眼镜的广告："U2树脂镜片，具备极地摩擦系数，能够减少划痕的产生，提升视觉体验与舒适度；而且镜片采用非球面设计，保持视物清晰不变形，能充分满足您的视野。"文案清晰且流畅，产品利益突出，但你大概不会产生购买的欲望。

如果以情绪为引的话，再看一次："你知道吗，普通近视镜片的摩擦系数一般较大，这就使得镜片容易产生划痕，而划痕是影响视觉体验的最大障碍。而且普通镜片通常为球面设计，这会限制佩戴者的视野，并在余光处会产生不同程度的视觉变形。如果您的工作生活需要更宽阔的视野，比如开车，我们这款 U2 树脂镜片就能帮您解决这些问题。"风格稍微变动，就会让人受到触动。

为何两篇文案差距如此之大？因为第二篇文案调动了你的情绪，由一个旁观者突然变成了主人公，真正感受这些情绪。如果此时有相关的产品出现能帮助你增强或者缓解情绪，你自然会容易发生购买行为。平庸的广告文案虽然产品介绍得很好，却没有任何情绪上的唤起。说到底，调动用户的情绪就是用户本身有情绪，你将其唤起。比如，我们提到过的老罗英语培训的文案："人民币一块钱在今天还能买点什么……或许，也可以到老罗英语培训听八次课。"它调动的情绪就是抱怨物价涨得太快。

有时候消费者可能需要某个产品，正在纠结要不要买的时候，如果能够调动他内心相关的情绪，就能促使他下单。所以，一篇好的文案要能够尽量挑起观众的情绪。比如，产品曾带来的回忆，没有产品带来的恐惧，对产品设限带来的焦虑等。

与文案写手分享：

既然调动情绪这么重要，我们该如何在文案中调动用户的情绪呢？

1. 找到情绪发力点

在创作文案之前，你需要先确定将要投入的情绪是什么，你期待用户在阅览过程中产生什么样的情绪反应，然后找准受众对象的情绪痛点进行发力。将现实生活中的感受添加到文案中，能够将你所感受的喜怒哀乐传递给用户。

比如，曾经刷屏的"现象级"广告片《她最后去了相亲角》，描述了所谓剩女所面临的压力和尴尬，"过年回去，几乎所有人都会问你，怎么还没结婚""人民广场的相亲角，几乎成了买卖子女的市场，明码标价""父母会觉得自己老了，走之前不想残忍地看到，你还孤零零一个人"。最后为女性发声，"我们要追求爱情，我们要嫁给爱情"，引爆了女性渴望真爱的情绪，最终获得了"病毒式"传播。还有江小白系列文案，满足了年轻人喜、怒、哀、乐的情绪宣泄，引爆了目标消费人群的圈子。

2. 巧用第一人称

人们只对两种事情感兴趣，与自己相关的和自己喜欢的。第一人称带有强烈的主观感受，"我"有着什么样的情绪，有着什么样的情感诉求。当你开始用"我"来阅读广告文案时，就能发现产品是否能够解决"我"的问题了。强烈的代入感有利于用户情绪的调动。

3. 将"情绪"与产品结合

写文案前，永远不要忘记，文案是为产品服务的，要先搞清楚自己品牌的定位。记住大师伯恩巴克的教导："产品，产品，产品。"文案必须指向产品，而且必须时刻指向产品。尽量挑起用户的情绪，比如对产品的期待、没有产品的恐慌、产品能弥补的缺憾、带来的难忘回忆等。

4. 用场景引爆情绪

《场景革命》的作者吴声说："很多时候，人们喜欢的不是产品本身，而是产品所处的场景，以及场景中自己浸润的情绪。"场景对于情绪触动、情感引爆，进而促进消费转化具有非常明显的作用，因此巧用场景也能有效调动起消费者的情绪。

恐惧型文案：调动用户情绪，从"吓唬"人开始

经典案例回放：

《我害怕阅读的人》是台湾奥美广告最经典的文案之一。

"我害怕阅读的人。一跟他们谈话，我就像一个透明的人，苍白的脑袋无法隐藏。我所拥有的内涵是什么？不就是人人能脱口而出，游荡在空气中最通俗的认知吗？像心脏在身体的左边。春天之后是夏天。……阅读的人在知识里遨游，能从食谱论及管理学、八卦周刊讲到社会趋势，甚至空中跃下的猫，都能让他们对建筑防震理论侃侃而谈。相较之下，

我只是一台在 MP3 时代的录音机；过气、无法调整。我最引以为傲的论述，恐怕只是他多年前书架上某本书里的某段文字，而且，还是不被荧光笔画线注记的那一段。"

"我害怕阅读的人。因为他们很幸运；当众人拥抱孤独或被寂寞拥抱时，他们的生命却毫不封闭，不缺乏朋友的忠实，不缺少安慰者的温柔，甚至连互相较劲的对手，都不至匮乏。他们一翻开书，有时会因心有灵犀而大声赞叹，有时又会因立场不同而陷入激辩，有时会获得劝导或慰藉。这一切毫无保留，又不带条件，是带亲情的爱情，是热恋中的友谊。一本一本的书，就像一节节的脊椎，稳稳地支持着阅读的人。你看，书一打开，就成为一个拥抱的姿势。这一切，不正是我们毕生苦苦找寻的？"

案例分析：

心理学研究显示，人性里有一种本能叫作避免恐惧、痛苦和危险。如果你告诉他，你的产品可以帮助他摆脱恐惧、危险，对方就会本能地充满了解的欲望。这就是利用人的恐惧心理来写文案。

一般鼓励他人读书，都会洋洋洒洒列出读书的好处。这篇《我害怕阅读的人》却没有进行类似"精神富足重要过物质富足"的劝说，而是从另一个角度出发，以"我害怕阅读的人"为主线，将不阅读在职场、应酬以及生活中出现的尴尬及劣势一一道出。诸如在别人面前显得自己无知、封闭、渺小，让用户害怕不阅读会变成这样一个苍白匮乏的人，进而产生想要阅读的欲望。广告专家埃里克·惠特曼告诉我们：恐惧带来压力。人们会因为恐惧带来的压力而无法保持一种稳定的状态，不免感到紧张，将注意力转移到你的文案上。这就说明在某种情况下，逻辑分析会受到恐惧情绪的干扰，却不能左右恐惧情绪产生。正是这样，恐惧型文案通过将用户心中的恐惧放大，从而达到促使用户购买行为产生的目的。

并不是盲目地散播恐惧言论就能刺激到用户，能刺激到用户的恐惧一般具有如下特点：

1.恐惧正发生，才能产生急迫感

如果不是当前发生的，就不会有急迫感。比如，要写劝说年轻人买房子的文案，A写："买房吧，否则你存的钱以后只够租房！"B写："买房吧，否则就没老婆！"肯定是B写的这句更有说服的效果，为什么？因为A写的内容无法对现实生活产生影响，无法给予用户急迫感，他自然不会马上采取行动。B就不同，没有房就娶不到老婆是与现实挂钩的，所散播的恐惧会令人产生焦急情绪，从而马上行动起来。

2.恐惧真实具体，才能戳到痛处

过度夸张的恐惧反而会因为脱离真实，无法使用户内心泛起涟漪。唯有真实的恐惧，才能恰到好处地戳到人的痛处。

比如，一篇 PPT 付费课程的文案这样写："不学 PPT？加薪升职就别想了，因为你马上要失业！"恐惧制造的就有点严重，只会让人逆反，产生"就不学，看看会不会失业"的想法。

如果换一种表达："小张，PPT 效果太平淡了，加点动画效果。""小张，你这 PPT 配色不协调。""小张，PPT 的版式不够美观，调整下。"……

天天加班，睡觉做梦都在修改 PPT，身体和精神双重崩溃。听到上司喊自己的名字，就浑身哆嗦。甚至怀疑自己，是不是该换个行业？

这种痛苦经历给用户的恐惧是真实的、具体的，如果你能帮他走出这种困境，那么他肯定会很爽快地下单。

3. 恐惧经常发生，感受到的痛苦更加强烈

如果你说的恐惧，一年只有那么几天，或者一次，基本没有用户愿意为此做出改变。如果你要给某品牌的狐臭粉写文案，"别人都是吊带配短裙，你却只能长袖加香水"和"上下班，拥挤的公交和地铁上，唯独你方圆一米以内不站人"，哪句更能激发恐惧呢？肯定是第二句。因为相比于前者定位的夏天穿吊带，每天上下班所遭遇的烦恼更让人难以忍受。每天都发生，这让用户感受到的痛苦更强烈，

要解决的欲望自然也更加强烈。

恐惧是一种复杂的情感，很多东西会带来恐惧，比如死亡、离开或者孤单。同时恐惧也是一种动力，你害怕迟到被扣钱，所以会从床上弹起来。你害怕被别人超越，所以努力加油学习。因此，要想让消费者行动起来，可以尝试在文案中制造点恐惧。

与文案写手分享：

所谓恐惧型文案，就是将事情的负面后果指出来，让读者感到害怕，继而产生行动。下面，我们来看如何写好恐惧型文案。

1. 呈现后果

恐惧型文案一定要拉长时间距离，将目标放在更远的地方，重点去呈现消费者如果不使用这种产品或者继续某种行为会产生什么后果，这也是大多数恐惧型文案的常用手法。

比如，一篇呼吁戒烟的文案："癌症治愈烟瘾。"只有短短的六个字，却会给人震撼的力量。你说自己有烟瘾，戒不了烟，等以后患上癌症就会把你的烟瘾治愈了。这就是典型呈现后果来引起受众恐惧心理的案例。

人们对以后发生的事情总是存在着侥幸心理，或者处于麻痹大意的状态。大多数人都没有很强的危机意识，也不会主动去寻求改变，尤其是对那些购买之后需要花费很长时间才能见到效果的产品更是如此。文案就需要将未来某一刻发生的事摆在用户面前，强化他们的危机感，让他们马上做出行动。

2. 适当夸大

前面我们说过度夸张会失真，导致痛苦无感。这并非不要夸大，而是要适度夸大。比如，一则安全座椅的广告：一个鸡蛋和一个坐在安全座椅上的小女孩，全程小女孩和鸡蛋玩得很开心，但因为一个急刹车，鸡蛋摔碎了，小女孩安然无恙。

广告中并没有出现血腥的画面，只是将鸡蛋暗喻了女孩的生命。言外之意就是，如果小女孩没有坐在安全座椅上，那她很可能会失去生命。这则广告就是利用了家长们的恐惧心理，呈现出一个极端后果：不使用安全座椅，你可能会失去你的孩子。

与平淡无奇的劝说相比，添加夸张的元素会增加读者的压力，让他们因为害怕而马上行动。

3. 给出建议

当我们成功唤起用户的恐惧之后，就需要给出具体的建议去解决这种恐惧。这时候，就是各种产品出场的时机了。

比如，一则床上用品的广告，前半部分详细介绍螨虫在床上的存在，唤起消费者的恐惧，细致入微的描述会让人难以忍受。之后马上给出对应的解决方案：购买防螨床罩，即可还你洁净舒适。要想写好恐惧型文案，就一定要让用户相信你的建议和产品有可行性，确实可以消除他们的恐惧，否则就不要轻易尝试。

文案经常调动的情绪——后悔

经典案例回放：

> 海尔小清新风文案：
>
> 海尔热水器："曾经有一个极好的机会 / 我没有抓住 / 错过的时候才后悔莫及 / 如果上天再给我一次机会 / 我一定苦练手速 / 不再错过 11·11"
>
> 海尔冰箱："没有西瓜的夏天 / 是不完整的 / 就这样 / 错过了一整个夏天"
>
> 海尔立式空调："在一年的中间 / 忙到忘记了犒劳自己 / 就这样错过了 618/ 错过了一个亿的机会"
>
> 海尔电视机："啤酒准备好了 / 鸭脖准备好了 / 秋衣准备好了 / 世界杯开始了 / 电视掉链子了"

案例分析：

海尔的这几则文案，利用很多因错过留下的遗憾，激起了用户的后悔情绪，达到情感上的共鸣。

在营销领域有一种模式被称为饥饿营销，它所调动的就是用户的后悔情绪。百科上对后悔的定义是："对以前没有做的事情或做错了的事情感受难以释怀的情绪。"或者可以说，后悔心理产生的原因有两个：过去没做的事和做错了的事。

研究发现："从长期来看，人们对过去没做的事情更加感到后悔，而从短期来看，人们对做过的事情表现得更加后悔。"

比如，你曾经在上学的时候喜欢一个女生，但你却始终没有当面去表达自己的爱意。虽然在当时并不会感到后悔，但一段时间之后，你就会因为错过而后悔不已。这就是从长期来看，对想做的事情但没做产生的后悔。

如果当时你对自己暗恋的女生迈出了那一步然后被拒绝，你在当下的时间里会后悔当初做的决定，因为她的拒绝让你难堪。但从长期的角度看，你不会为此后悔。

因此，这两种后悔情绪的来源经常会被人使用，来唤起消费者的情绪。

· 当你因为过去做错的某件事情感到后悔，我的产品可以帮助你弥补这一过失，从而减轻你的内疚。

当情侣之间因为琐事大吵一架，男生会送女生一盒巧克力来缓解自身的内疚；当父母在冲动之下对孩子进行了斥责打骂，会选择购买新款的玩具缓解他们的内疚。

同样，当你忍不住吃完火锅而担忧上火时，购买预防上火的加多宝是你最好的选择；当你拿着辛辛苦苦攒下的钱任性出去旅游时，选择性价比高的产品能够帮你减轻负罪感。

·当你因为过去没有做某件事而感到后悔时，我的产品能够帮助你弥补。

就像淘宝开始兴起的时候，很多人本来打算依靠前景可观的电商做点小生意，因为某种原因最终没有行动，而那些把握住时代脉搏的人，斩获了淘宝巨大的红利。当错过最好时机的人反应过来时，已经登不到潮流的顶峰了。这些人无疑会为当初自己的犹豫感到自责和后悔。所以，当微商时代到来，为了刺激人们加入微商，很多文案都是这种模式："如果你错过了淘宝，这次就别再错过微商。"而很多成人高等教育机构的文案也属于这一种："曾经错过了大学，就别再错过第二次受教育的机会。"

这种善于洞察目标用户过去做错和未做的事情，并给自己的产品打上相应的标签，使自己的产品成为弥补遗憾的方案，是利用用户后悔情绪的最好手段。现如今很多人都在利用消费者这种后悔的心理刺激购买欲望。比如，淘宝店的促销活动：全场五折，下次促销再等一年。

所有人都体会过做错事或者错过某件事而产生的感受，文案写手在创作文案时若能够调动消费者的后悔情绪，并用自己的产品作为弥补遗憾的方案，就能刺激消费者的购买欲望。

与文案写手分享：

在利用消费者的后悔情绪时，可以使用以下的方法辅助：

1. 直接表达

文案写手想要利用后悔的情绪，就要将后悔摆放在台面上，比如"不买一定会后悔""难道你想给自己留下遗憾"等。这种模式运用熟练之后，就能写出让人叫好的后悔文案。当然，最重要的就是立意正确。如果文案写手写一篇文案最根本的出发点就是错误的，那么，无论文案写得多么生动，对于产品的营销都没有任何有利的帮助。

2. 保持语言的节奏感

简洁的短句，能让文案富有节奏感，产生环环相扣的效果，有效保持读者情绪的持续。如果文案内容啰唆，一旦使用户游离于文案制造的后悔情绪之外，产生的效果就会大打折扣。另外，像那些运用了各式各样押韵的文案，能够让平淡的信息变得生机勃勃，读起来有很强的节奏感。

制造焦虑感，才是打造走心文案的撒手锏

经典案例回放：

支付宝联合 16 家基金公司推出了一组《年纪越大，越没有人会原谅你的穷》的理财文案。

南方基金：你每天都很困，只因为你被生活所困。

万家基金：每天都在用六位数的密码，保护着两位数的存款。

国泰基金：全世界都在催你早点，却没人在意你，还没吃早点。

招商基金：世界那么大，你真的能随便去看看吗？

华夏基金：对所有大牌下的每个系列化妆品都如数家珍，但你绝不会透露自己用的只是赠品小样。

富国基金：在家心疼电费，在公司心疼房租。

建信基金：小时候总骗爸妈自己没钱了，现在总骗爸妈，没事，我还有钱。

上投摩根：懂得父母催你存钱的好意，但更懂得自己光

是活下来，就已用尽全力。

兴全基金：经济独立了，才敢做真实的自己，否则只好一直做别人喜欢的自己。

博时基金：只有在请假扣工资的时候，才会觉得自己工资高。

中欧基金：你所谓的工作"稳定"，只不过是一直在工作，并没有让你自由。

天弘基金：一年有26个节日，你都不会去过，但你不会错过节日里的每一分钱红包。

嘉实基金：总能半夜狠心删空购物车，你知道这种"理性"一文不值。

广发基金：在适婚的年纪，竟然庆幸自己朋友少，因为根本不用担心，会收到"红色炸弹"。

民生加银基金：忘了毕业多少年，每逢同学会，你都只能搭同学的顺风车。

光大保德基金：没有逃离北上广，并不是凑够了首付，而是每天的外卖，可以一起凑满减。

案例分析：

《年纪越大，越没有人会原谅你的穷》从自己、生活、存款、父母、工作、社交、自由等方面揭露了血淋淋的现实，当读者看到的时候，瞬间产生了共鸣，不自觉地对号入座，产生焦虑、不安等情绪。文案竭尽全力让读者明白社会的残酷，一步一步将读者的情绪拉入低谷。

在当今的互联网时代，万事万物都处在急剧变化之中。新技术、新行业随时在崛起，诸多行业不断交迭更替，每个人都有被取代的可能。所以，在不确定的情况下，焦虑是这个时代的必然产物。

从一个人的心理方面来说，焦虑是人类的基本情绪，持久并不可消除，当一个人感觉到焦虑，他就会寻求各种方法去缓解。当一个人焦虑，他的理性就会下线，并形成冲动消费和冲动行为。当一篇文案将现实的残酷摆在读者面前，焦虑的情绪就会被激发出来，此时文案中的产品或者解决方案就会被读者视为救命稻草。

与文案写手分享：

文案写手可以在文案中制造焦虑，让读者意识到自己当下的环境并不稳定，由此产生焦虑，急于去找到解决方案，进而产生购买产品的欲望。制造焦虑感，才是打造走心文案的撒手锏，那么如何制造焦虑感呢？

1. 用对比产生差异

当人们长期处于安宁的环境中时，很难产生焦虑感。因为一个人需要其他群体参照，才能对一件事情做出判断，不会直白地对一件事进行期待。当同阶层中出现一个比他强的人，他就会意识到别人比自己优秀，接着焦虑感就会扑面而来。

对比时选择的参照群体非常关键。如果参照群体离受众的生活非常遥远，就不能产生很好的效果。比如，一个身价过亿的老板赚了一千万和你身边的一个朋友突然赚了十万块钱与你进行对比，哪个更能激起你的羡慕嫉妒？自然是后者。所以，文案写手在利用这种方法时，选择恰当的参照群体是一大重点。

2. 用损失产生恐惧

在文案中阐述用户未来产生的损失，会使用户心中产生恐惧和焦虑，进而刺激用户的购买欲望。就像当你早上捡到了五十元钱，你觉得很开心，但不久发现钱又丢了。虽然个人资产在本质上并没有发生变化，但这种损失的恐惧更加强烈。

文案写手在创作文案时就可以利用人们的这种心态，明确地表示，如果你不这样做就会失去一些原本拥有的东西，让用户产生恐惧，进而购买产品。

3. 创造不定效果

鲶鱼效应是在存活率低的沙丁鱼群中加入一条鲶鱼，破坏安稳环境的同时，也激活了沙丁鱼的求生本能。没有焦虑是因为群体中没有出现一条让人窒息的鲶鱼，当群众中一个人发生了改变，并产生了明确的效果，其他人也会随之而动。

文案写手在创作文案时，可以创造各种优越场景，让熟悉的群体中，出现一个更高级的身份，让群体中的其他人产生焦虑，进而促进他们的购买欲望。

在写文案时，除了利用上述方法，文案写手也可以在文案中适当地对关键字句运用加粗、变形、变色等方法加以突出，让读者更直观地去感受。

满屏都是回忆杀，让人忍不住飙泪的文案

经典案例回放：

江小白给 18 岁的人们，写了一组文案：

写给 18 岁的自己："曾以为青春是 QQ 签名里最后的倔强，原来青春在没有美颜和滤镜的相机里。"酒瓶文案："我要和你走过春夏秋冬，一起谈天一起胡闹。"

写给暗恋 366 天的 TA："某人不懂'在吗'的背后深意，更不知 QQ 灰色头像点亮的瞬间，就能点亮一个人的心情，那年的自己有点傻。"酒瓶文案："也许在他心中，从未有过我的存在，可对我来说，他就是一半的青春。"

致同寝室的兄弟："18 岁和老刘球场挥汗喝冰可乐，28 岁与老刘团购枸杞保温杯，那年对话里没有言不由衷，那年举杯不会身不由己。"酒瓶文案："我怀念的不是酒，而是散落

天涯的老友。"

写给一生艰难的老爸："除了讨生活费很少给你发短信，抱歉，我大学没好好读书，谈了一场恋爱，也没能毕业。"酒瓶文案："你只来了一下子，却改变了我一辈子。"

写给老友："翻看几年前的留言板和访问记录，最活跃的你们却淡出微信，聊天列表何时有空兑现一起看世界的约定。"酒瓶文案："青春不是一段时光，而是一群人。"

写给曾经的你们："18 岁时我们第一次喝酒，十年走过，青春早已 886（网络用语，"拜拜了"的谐音）。你我已是老友，我还为你倒酒。"酒瓶文案："愿十年后，我还给你倒酒；愿十年后，我们还是老友。"

案例分析：

江小白文案将用户的思绪拉回 18 岁那年，留在相机里的每个瞬间、耗费半个青春的暗恋、同寝室的兄弟、约定去看世界的老友……每一个都是回忆杀，让人感觉五味杂陈，想要借酒消愁或借酒缅怀。

语言也许并不优美，但这份共同拥有背后隐藏的情绪，在"我怀念的不是酒，而是散落天涯的老友""愿十年后，我还给你倒酒；愿十年后，我们还是老友"的撩拨下，让被生活磨砺得麻木的心重新变得滚烫起来。

就像是集体看一场黑白调的青春电影，我们一起沦陷在一场回忆杀的剧情里，一时泪崩。人们为什么会追忆过去的美好经历呢？人们追忆过去并不是去回忆经历本身，而是借助当时的细节，产生良好的感受罢了。就像你去看一部小时候的电影，你所谓的回忆并不是小时候看到的电影本身，而是当时看电影时，自己所处的情景，自己的所见所想。人们总是喜欢在类似的场景中回忆过去。这也照应了一个经典的心理学概念：情景效应。

所以，如果你打算利用文案使消费者产生关于难忘回忆的情绪，不妨将他们带入一个相似的场景，来促进消费行为的产生。内容上，将他们曾经的美好经历揉进字里行间，仿佛每一个字都是他们的回忆，让他们可以通过购买你的产品强化他们这种美好记忆。

人们的情感需求之一就是对过去的回忆，如果在文案中融入"回忆杀"，消费者会更容易感知这种对过去的情绪，并通过购买行为来强化这种情绪。

与文案写手分享：

让人看哭的"回忆杀"文案怎么写？

1. 从历史事件的角度切入

通过历史、文学渠道或者对文化、国家某个时期的间接怀念。比如，铁达时手表的《天长地久·空军篇》广告，以"二战"为背景，讲述了一对新婚夫妻因战争原因不得不分离，丈夫送给妻子一块刻有"天长地久"的铁达时手表。

虽然消费者无法对战争感同身受，但文案的手法可以带给消费者很强的代入感，从而体会这段凄美的爱情故事，进而与产品相联系。

2. 从成长经历角度切入

青春是每个人都绕不过的回忆，每个人都有属于自己的故事。"18 岁""毕业季"这些代表青涩的词语是最容易勾起人们回忆的引子。江小白的回忆杀就是锁定了这一阶段。

例如："一群即将毕业的学生，在学校附近的餐馆离别前的聚餐，笑着喝酒笑着吃饭，在离别的时候喝江小白酒，许愿十年后还是朋友还能这样喝酒；一位工作数年的年轻人，因为工作压力，在电脑前疯狂忙碌着，突然电脑中的音乐播放器响起了《青春纪念册》，喝着江小白，怀念校园的青葱岁月。"

3. 从故乡风情角度切入

故乡角度多用于特殊节日来渲染一家团圆的气氛，漂泊在外的游子因为工作无法返乡，万般美食都比不上"妈妈的味道"。

比如："以前，二十岁出头，喜欢过年。白天睡到自然醒，除夕爸妈准备好一桌团圆饭，你只贡献一道味道欠佳的菜。""到亲戚家串门给长辈拜年，能收到几个大红包。那几年无忧无虑，花掉大把时间约酒见朋友。"

丧文案为什么那么扎心

经典案例回放:

丧茶自带灰色忧郁系画风的文案,扎痛了年轻人的心。如图5-3、图5-4、图5-5所示:

图5-3

图5-4

图5-5

案例分析:

丧文案实在太火了,连犄角旮旯里都弥漫着负能量。丧文案就像一个生性达观却被现实羁绊的小孩,躲在灰色的基调里自嘲,感情有点复杂,有灰心丧气,也有暖暖的治愈。有人说，丧文案之所以扎心，就是因为它写的是现实，悲催无奈，却又透着一丝丝希望。让人在认清了生活的本质后，依然继续热爱生活，这也许就是丧文案的魅力。

1. 丧文案中都写了什么

从众多丧文案中提炼出的关键词，其中以"上班、赚钱、孤独、爱情、买房"等关键词出现的频率最高。比如：

丧茶："反正你都够胖了，少喝一杯也不会变轻的。"

没希望酸奶："导购说，对不起，这已经是最大码了。"

拉芳："洗了头一定有人约，但不洗头，有人约也出不去。"

虽然有些文案完全脱离了产品，反而更贴近了用户的内心和生活。

2. 丧文案都唤起了哪些情绪

某网站调研了 100 多条丧文案，得出数据，如图 5-6 所示：

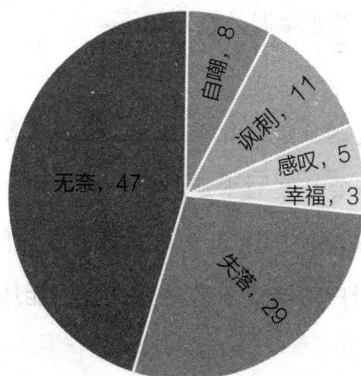

图 5-6

丧文案唤起的"无奈"情绪最多,"失落"次之。

"丧文案"之所以能够成功,就在于它的痛点能够引发广大用户的共鸣。比如,丧茶文案中的"胖",江小白文案中的"兄弟情",都是将人们真实内心的脆弱与伤痛进行情景化处理,赋予了人的感情,让用户真实感受到产品与服务是懂他们的需求的。

新一代的年轻人听惯了自说自唱的心灵鸡汤,对品牌的"自嗨"早已司空见惯。而"丧文案"通过自嘲、"毒鸡汤"等内容,并没有过度强调产品的特征,而是站在用户的角度,更加关注用户的生活和心理需求,扎心,也更加走心。

与文案写手分享:

"丧文案"的关键是对用户生活中可能产生负面情绪的场景进行还原和描写,需要掌握的技巧如下:

1. 回到生活

触动人心的文案一定来源于生活,想要获悉用户的生活状态和心理活动,就需要文案写手走进用户的生活。可以将各种社交网站作为素材的来源地,比如 B 站的弹幕、热门的微博评论等。这些社交网站是用户情绪宣泄的地方,我们能从中了解用户的真实情感和想法。

2. 巧用转折

大多数文案创作都会使用对比等有转折感的手法来达到出其不意的效果，在情绪宣泄的同时，自我调侃。比如："等忙完这一阵，就可以接着忙下一阵了。""年轻人嘛，现在没钱算什么！以后没钱的日子多着呢。""如果你觉得自己，一整天累得跟狗一样，你真是误会大了，狗都没你那么累。"文案写手可以通过整理目标用户人群中的流行语，更改其中的某一个元素来达到转折的效果，最好在更改时问自己一个问题："如果不是这样，那是……"

所以，"丧文案"不管沾染了多少负面情绪，本质上还是产品文案，只不过需要通过这种情绪引起用户共鸣。将出其不意的转折作为神来之笔，为负面情绪增添一丝宽慰才是真正的目的。

3. 讲个故事

言简意赅地讲一个故事是创作文案的一个重要手段。"丧文案"都很短，但有些"丧文案"读起来就像是一个故事。比如：

网易云音乐："我听过一万首歌，看过一千部电影，读过一百本书，却从未俘获一个人的心。"

江小白："爸爸收起横在鱼塘上一天的鱼竿，想要的不过是和你三分钟的通话，如果你觉得只有成就才能衡量'出息'，不如不见。"

对生活某个场景或经历的描写，将具有生活气息的词语带入其中，使得文案内容更加丰满，能够增强文案与现实之间的联系。

文案写手可以为产品构建一个场景，对其做出描绘，可以是周遭环境，也可以是交谈对话。从中提炼出关键要素，重新组合，或者在其中提炼出一句体现中心含义的话。

4.撩拨适当

"丧文案"通过唤起用户的情绪而达到产生共鸣的目的，但负面情绪的唤起要适度。更多时候"丧文案"中主要是生活或者情感类的内容，能够迎合用户心中的苦闷，但不会触及他们心中的禁区。所唤起的情绪多是无奈、沮丧的情绪，不会触及愤怒、悲伤等方面。也可以理解为，"丧文案"只是撩拨用户，带着用户一起吐槽，但不会深度刺激到用户。

年轻的消费者一般都抗拒说教，只追求自我的放逐，喜欢有个性的品牌。"丧文案"完全站在用户的角度，更加关注消费者的生活和心理诉求，不过分强调产品特征。看似脱离产品，实际上是帮助品牌建立与用户之间的联系。所以，"丧文案"虽然扎心，却也更受欢迎。

第六章

创意文案，6 种
开脑洞训练法

当别人都向左时，让你的文案向右

经典案例回放：

> 每个广告文案人都一定看过甲壳虫车的经典文案"Think small"，内容如下：
>
> 我们的小车并不标新立异。许多从学院出来的家伙并不屑于屈身于它；加油站的小伙子也不会问它的油箱在哪里；没有人注意它，甚至没人看它一眼。
>
> 其实，驾驶过它的人并不这样认为。
>
> 因为它耗油低，不需防冻剂，能够用一套轮胎跑完40000英里的路。
>
> 这就是为什么你一旦用上我们的产品就对它爱不释手的原因。
>
> 当你挤进一个狭小的停车场时，当你更换你那笔少量的保险金时，当你支付那一小笔修理账单时，或者当你用你的旧大众换得一辆新大众时，请想想小的好处。

案例分析：

当时，人们对汽车的概念还停留在彰显个人身份、财富及地位等方面，导致底特律的制造商们在汽车的设计方向上，依旧强调大气与宽敞。而甲壳虫汽车反其道行之，采用逆向定位手法，描述了汽车"小"的好处，改变了当时人们对汽车的认知。

此广告一出，随即引发了一场"创新革命"，广告不再致力于兜售产品，而开始出售一种生活方式。这种令人耳目一新的文案为什么能产生很好的效果？其根源在于人们对同类型的事物长时间接触，会产生感官上的疲倦，类似的刺激就很难产生预想的效果。这就是所谓的感官疲劳。

丧茶和分手花店的文案之所以突然火爆，就是在已经令人感到倦怠的正能量、成功学等励志文章中另辟蹊径，将与当下环境格格不入的"丧文化"撒向市场，产生新的刺激，引起了广泛的关注。这是一种由逆向思维衍生出的逆向表现手法。

冲突往往会令人印象深刻，增加用户对产品的感知程度，而逆向表现手法恰恰能给人强烈的冲突感受。这种冲突感就如同别克君威的文案："在别人喧闹的时候安静，在众人安静的时候发声。"

与文案写手分享：

那么当别人都向左走时，你该如何向右走？

1. 总结大众共性，逆向表达

当文案创作时，如果产品具有大众性，你需要总结出大众产品文案的共性，然后找到相反点，逆向表达。比如，当所有的文案都有"震撼、强冲击力"的特点时，你采用"温情感人"的风格，就更有可能对用户产生新的刺激，引起关注。再比如，当别的文案都在降价、促销上残酷竞争，你来一句"有点贵，但质量很好"，也能成为用户眼中的一股清流。

2. 反转型逆向思维法

这种方法看起来表达的是劣势，但剧情的反转会将劣势变成优势。下面以表现抗摔特点的手机文案为例：

案例 1：用锤子砸手机，怎么也砸不烂，然后最终阐述产品特性——抗摔。

案例 2：用锤子砸手机，在尝试 2000 次后，我们终于将手机砸烂了。

表面是手机被砸碎了，貌似质量不好，但重点在于砸了 2000 次才碎，这又明确体现了产品的抗摔特性。而且这种超出人们预想结局的设计，也会给用户留下深刻的印象。

3. 对立定位

如果你的产品有强劲的对手，那么这绝对是好事。比如，真功夫在快餐街的最大对手是麦当劳和肯德基。它就运用了对立定位，麦当劳和肯德基主打炸薯条，真功夫就在"蒸"上下功夫，从而打出了"营养还是蒸的好"的经典广告。七喜在针对可口可乐和百事可乐这两大巨头时，也从差异化的"对立定位"出发，打出"非可乐"的文案，从而大获成功。对立定位的高明之处就是不花任何代价，就可以借势爬上和对手占据的制高点相同的高度。

4. 利用产品相关资源的反衬

如果你想要表现你的产品质量好，文案创意表现可以从辞退所有客服的通知噱头入手，描述客服人员上班时间打游戏、上网、无所事事，或者一个老年的客服人员因长时间没有工作内容而无法升职加薪的画面等。用因为没有投诉导致客服的职位太清闲的情况，来反衬产品质量好。

花样使用各种修辞手法

经典案例回放：

> 比喻：
>
> 世界上有一种专门拆散亲子关系的怪物，叫作长大。——奇美液晶面板

做人就像剃须，进退都得要拿捏好分寸。——飞利浦

世界上最重要的一部车是爸爸的肩膀。——中华汽车

拟人：

和我不一样，我的手表不需要休息。——劳力士手表

双关：

格力空调，冷静的选择。——格力空调

夸张：

世界的早晨，都是雀巢咖啡。——雀巢咖啡

聪明不必绝顶。——某款生发剂

对偶：

哪有什么天生如此，只是我们天天坚持。——Keep

离开，你变成外乡的大人；归来，你变回故乡的孩子。——
微信红包

用典：

听，夜雨剪了春韭，不醉不归吧，老朋友，干杯朋友，
与尔解忧。——万科

出来混，迟早要回家的。——奥迪新春文案

押尾韵：

真正喜欢你的人，24 小时都有空；想送你的人，东南西
北都顺路。——滴滴出行

顶针：

世界再大，大不过你我之间。——微信

矛盾：

讲个笑话，你可别哭。——《驴得水》

案例分析：

　　修辞手法就像神话故事中马良的神笔，能让画变"活"。山林里的溪水潺潺流动，草地上小鸡咕咕叫，风儿吹在脸上有羽毛扇的温柔，美人摇曳着身姿向你走来……

　　"修"作修饰解，"辞"原意是辩论的言辞，后引申为一切的言辞。修辞就是修饰言论的意思。修辞手法的恰当运用可以让语言变得鲜活、生动，富有美感。

　　常见的修辞手法有：比喻、拟人、夸张、排比、夸张、对偶、借代、反问、设问、反复、衬托、用典等。

　　其中，比喻在文案的写作中最为常见。它不但可以直观地传达产品特征，使抽象陌生的事物变得亲切，具有化平淡为有趣的魔力，而且当比喻出乎意料而又在情理之中时，会让文案句子呈现出很大的张力。例如，经典案例中，奇美液晶电视的文案"世界上有一种专门拆散亲子关系的怪物，叫作长大"，把长大比喻为拆散亲子关系的怪物，让人不胜唏嘘。

　　此外，拟人、对偶、夸张、用典等修辞也常在文案写作中被使用。虽然美妙的广告并不是靠语法规则和修辞手法创造出来的，但修辞手法可以让文案一语惊人、生动感人、引人深思。

与文案写手分享：

文案中修辞产生的效果包括增强形象、加强语势、增添情趣和凝聚语义四类。

1. 用比喻和拟人增强形象

比喻有明喻、暗喻、借喻之分，文案中的比喻修辞能够将消费者难以理解的事物用熟知的事物加以说明，让消费者更准确地感知事物本身，起到修饰主题内容、增强文案想象力的作用。

比如，中华汽车的文案"世界上最重要的一部车是爸爸的肩膀"使用了暗喻；锤子手机的文案"漂亮的不像实力派"使用了反喻；某款结婚喜饼礼盒的文案"甜只留给言语，把爱喂养得像初恋"则是使用了借喻。

而在文案中使用拟人的修辞手法，将广告产品的信息赋予其人格化或物性化，也使得内容更加形象、具体化，有利于信息的传播和接受。比如，长城葡萄酒的文案："三毫米的旅程，一颗好葡萄要走十年。"

2. 用排比、设问、反问加强语势

排比句式可以突出信息的条理性，用抒情使消费者产生情感共鸣；用叙事使层次清晰。排比修辞手法使消费者阅读起来朗朗上口，具有较强的感染力和说服力。比如，某地产广告："非凡地，非凡宅，非凡品。"

设问的修辞站在广告受众的角度提出问题，通过回答帮助受众解决实际的问题，充分引起消费受众的注意，产生心理活动的变化，启发人们思考，突出文案主题和核心内容，提高受众的参与度。比如，斯达舒广告文案："胃痛吗？胃酸吗？胃胀吗？请用斯达舒。"

使用反问的修辞在文案中只问不答，让消费者思考问题的答案，领会文案想要表达的意思，强调所宣传的信息的正确性。比如，联想公司的广告文案："如果失去联想，世界将会怎样？"

3. 用双关增添情趣

双关是一种可以让文案变得幽默和含蓄美的修辞，不仅可以生动形象地表达产品的特点，使其寓意深刻，而且可以增加情趣，给消费者留下深刻的印象。比如杜蕾斯的文案"最快的男人并不是最好的，坚持到底才是真正强大的男人！"这是 2012 年奥运会时，刘翔腿伤复发，虽然跨栏摔倒却坚持走完全程，杜蕾斯特意发出的微博。

再如经典案例中格力空调的文案："格力空调，冷静的选择"，用的就是双关。"冷"传播的是格力空调的制冷效果，"静"传达的是安静无噪音的特点，而冷静的选择指的又是用户深思熟虑后的结果，用的不可谓不巧妙。

4. 用对偶和反复凝聚语义

对偶的修辞手法使句子整齐美观，体现语言的和谐美，内容上十分紧凑，突出广告商品的主要特征。比如才子男装的"煮酒论英雄，才子赢天下"，再比如"品书香一缕，读人生百味""一头白发，满山青葱""朋友最真，友情最贵"。

反复的修辞手法突出和强调商品的某一信息，强化语气，使文案结构条理清晰，突出重点，增强商品信息的传播效果。同时强化消费者对广告内容的印象，减缓淡忘速度，延长记忆的时间。比如，大家耳熟能详的"今年过节不收礼，收礼就收脑白金"。

根据产品的属性，巧妙地运用不同的修辞手法，能够让原本平淡的文案变得熠熠生辉，更有吸引力。

创新用户体验，写到心坎里

经典文案回放：

> 很多人都喜欢吃三只松鼠牌子的零食，它的文案同样也很出色。比如它"双12"发布的广告文案《鼠，来也》："主人，让小鼠为您服务；主人，小松鼠在的呢；不客气的呢，么么哒主人；主人，双12全场低至2折啦。"
>
> 《要啥，就给啥》："双12，包裹除了坚果，不能吃的有

哪些？一个带有品牌卡通松鼠形象的包裹；开箱器；快递小哥哥寄语；坚果包装袋；封口夹；垃圾袋；传递品牌理念的微杂志；卡通钥匙链小玩具；供你清洁的湿纸巾，要啥您就说！"

从用户的体验出发，给用户最好的感受，是一种非常好的营销文案写法。

案例分析：

谈起用户体验，我们第一时间想到的就是产品的某种功能为用户带来的感受，但广告文案的作用也不容小觑。"三只松鼠"在60天的时间内登上了淘宝和天猫坚果行业的销售宝座，创造了中国商务历史上的奇迹，它的文案功不可没。

奇迹的诞生源自"三只松鼠"更注重用户的感知力。"三只松鼠"隶属电商行业，与传统购物的眼见为实相比，在收货之前，消费者对产品的判断只能由情感来决策。只有给予用户良好的体验，才能触发消费者再次消费。

好的用户体验正是源自拥有"用户思维"。比如，"三只松鼠"感知到大家等快递的心情，就在快递的短信通知中添加了安抚细节，"松鼠已经火急火燎地把主人的货发出来了"。

打造了爆款节目《奇葩说》的牟頔，曾说过这样一个观点："内容的本质是情感的共鸣和情绪的共振。"

可口可乐的经典广告"Taste the feeling"，为了"感受那种感觉"，可口可乐在全球各地抓拍了 150 多张人们畅饮可口可乐的画面。可口可乐公司的掌舵者马科斯·德昆托表示："我们希望重新让可口可乐回到根本。可口可乐自始至终都是简单的，如果我们是一个大品牌，那也是因为我们拥有简单的快乐，并让消费者感同身受。"

去了解用户的心中在想什么，而不是你以为用户在想什么。

与文案写手分享：

"三只松鼠"被人们称为电商坚果行业的"海底捞"，其成功的秘诀是：将用户体验做到极致，尤其是文案值得称道。那"三只松鼠"是怎么服务用户的？

1. 拉近距离的称呼

"主人"是"三只松鼠"对消费者的称呼，这一称呼将消费者与品牌的关系演变成主人和宠物，拉近了两者之间的距离，让消费者有一种"角色扮演"的体验感。"主人"不仅用于客服和买家的沟通，关于"主人"的文案也几乎遍布整个店内。

比如购物节的宣传页面上："619 当天，前 100 名主人免单！""30 余款新品上市，成本价回馈主人！""主人，把我也抢走吧！"

比如产品的说明文案："主人，想知道松鼠的'无核白'为什么会这么好吗？跟随小酷（其中一只松鼠的名字）来一探究竟吧！"

再比如贴心的松鼠小贴士文案："和松鼠做个约定吧，为了更美丽，主人要记得每天吃 8 颗来自新疆的爱的葡萄干哟！"

2. 直接给出解决方案

用户体验是互联网产品一直在强调的概念，主要作用在于满足用户需求，让使用产品的过程变得更加简单、方便。而文案需要易于理解，直接给出用户解决方案。不要和用户绕圈子，像"戳进去有神秘好礼相送"这类文案，很少有人会真的点击进去。所以，我们要将行动之后能看到什么、得到什么，直白、清晰地告诉用户。

我们要避免在文案中出现"拨打我们的电话""访问我们的网站和公众号"这样的话，给用户详细的指引，比如"点击文章末尾某某处，进入官网查看某某""扫一扫某某图片，立刻获取某某信息"等。

3. 文案必须指向产品

文案必须指向产品，如果我们试图先把文案写得引人入胜，吸引读者的注意力之后再提产品，那读者很可能在兴趣消失后直接转身离去。所以，我们要把产品的信息融入每一句文案中，或者直接将它们合二为一。

写用户体验型的文案，重点在于从用户的角度出发，给用户最好的感受。怎样写才能得到用户的认可，满足用户需求才是最重要的。

蹭热点绝对有用，关键在于怎么蹭

经典案例回放：

在北京暴雨时，杜蕾斯策划了一个"安全套当鞋套"的文案，并且很快被网友顶上了微博热搜。文案的内容是这样的：

"北京今日暴雨，幸好包里还有两只杜蕾斯。"并且还配了一张将杜蕾斯套在鞋上的图片。如图6-1所示：

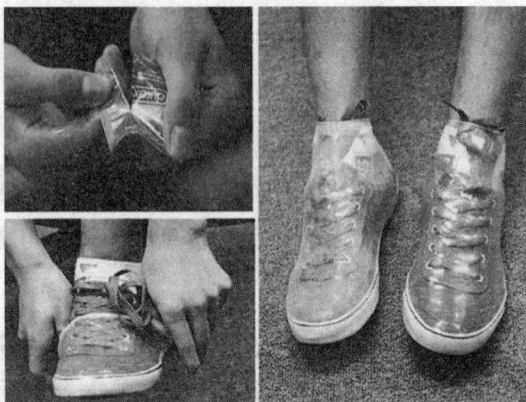

图6-1

案例分析：

　　杜蕾斯的这个文案一出来，就引起了网友们的疯狂转发。原因就是这个令人意外的创意，把安全套当鞋套，实在太惊艳了。杜蕾斯称得上是广告界蹭热点的"骨灰级"大 V。小米发布会刚刚将笔记本和一分硬币进行比薄，杜蕾斯便出了"Just 比薄"这个文案。简短的几个字，精妙绝伦，不禁令人捧腹大笑。还有 2017 年感恩节，杜蕾斯那场持续追热点的文案盛宴，更是值得文案写手去学习。

　　蹭热点的热度，能够很好地引起用户的阅读兴趣，并且达到为品牌宣传的目的。所以，蹭热点已经成为很多文案写手写文案的必备手段。但是，热点也不是随便就能蹭的，尤其是那些明明和热点没什么联系，又没找到很好的契合点，却被生拉硬拽非要用来营销自己的产品，只能适得其反。

　　比如有一个坚果广告在苹果发布会期间，做了这样一则文案："iPhone 不如坚果，一部苹果能够买很多某坚果。"简单粗暴，没有任何创意，让人看了觉得莫名其妙，更不会产生联想。只是单纯地将 iPhone 当成一个热度高、消费高的代言词，以为只要在文案中放上 iPhone 这个词，就能够为产品带来流量的蹭热度。为了蹭热点而去蹭热点，蹭了不如不蹭。

　　相反，让人叫好的是珍爱网的创意。苹果开新产品发布会时，和手机八竿子打不着的婚恋网站珍爱网也来蹭苹果的热度，却一点都不让人觉得突兀。珍爱网的文案是这样的："连爱疯摄像头都脱单了，你……"珍爱网将 iPhone 手机的双摄像头与"脱单"联系到一起，既突出了珍爱网的品牌特点，又充满了趣味，精彩绝伦。

与文案写手分享：

有创意的文案，会吸引人们主动去关注。对于热点文案而言，创意同样十分重要。热点文案并不仅仅是只要将热点的内容嵌入文案中就可以了，那样只会让文案显得生硬。那么，怎样才能写出一篇好的有创意的热点文案呢？

1. 从关键词出发

文案写手在写一篇文案之前，首先应该对产品做一个全方位的了解，然后将产品和品牌的关键词罗列出来。比如说，产品的物理属性、情感属性、价值观、品牌主张等多方面的关键词。

拿案例中的杜蕾斯举例，它的关键词可以是：

与性相关：各种姿势、深、肾、胸……

情感相关：恋爱、男女朋友、异地恋……

产品相关：避孕套、润滑、薄、触感、安全……

价值观：做爱做的事、性福……

品牌主张：两性健康、耐久……

文案写手也可以将自己产品的相关关键词列举出来，让产品属性变得更加清晰。

2. 找出热点的关键词

当一个热点事件发生后，可以从多个角度去对热点进行分析，比如，热点的代表元素、符号、典故、关注点、槽点等，这样才能充分了解这个热点到底与产品有着什么样的联系。

文案写手在看到一个热点事件的时候，不妨在纸上列一个清单：

这个热点有没有什么代表元素？

人们为什么会关注这个热点？

热点发生时大家都会干什么？

……

有了这个清单，运用热点的时候轻易就不会出错。

3. 将产品关键词与热点关键词组合

文案写手在得出了产品的关键词之后，通过与热点的关键词进行组合就会得到一个新的关键词，这也是文案写手写文案的灵感来源。通过这样的方式列出来的文案关键词，通常来说会比较有创意。文案写手可以在大量的关键词组合中选出一个最符合产品定位的创意。

4. 新鲜的表达方式

文案并不一定都要用文字的形式去表达，文案写手既可以用文字，也可以用图梗、谐音梗或者图文结合的方式去表达。文案写手可以灵活运用，不论什么方式，只要能够吸引读者的眼球，就是好文案。

　　有创意的热点文案，能够在众多文案中脱颖而出，受到用户的关注。文案写手在写这一类的文案时，一定要注意上面提及的两个问题，正确借到热点的势，让文案能够被更多的用户关注。

独特的想象力，让文案大放异彩

经典案例回放：

　　红星美凯龙拍摄的广告短片《爱家，因为家爱我们》，脑洞之大，打破了以往传统的家具广告的模式，让人为之惊叹。

　　在短片中，所有的家具都是由人扮演的，比如说女主角的工作就是扮演一把椅子，她的同事则是扮演台灯、墙壁上的挂钟、会议桌、挂衣架……

　　因为女主角的工作失误，被老板解雇，等到她拖着疲惫的身躯回到家时，家人们扮演的家具纷纷逗她开心，温馨的氛围和冷漠的职场形成了鲜明对比。这也成功地传递出红星美凯龙的主题——爱家，因为家爱我们。

案例分析：

红星美凯龙用人来扮演各种家具，这种奇特的构思，开脑洞的想象力，让人惊叹的同时，也给人留下了深刻的印象。

想象力是一种高级的认知能力，能够为旧有的模型构建新的形象。比如，当你站在地铁里，旁边有个老人和孩子带着小孩在等地铁，你在脑海中思考几个问题：他们从哪里来？要到哪里去……你会迅速构建出一个戏剧故事，这就是想象力。

爱因斯坦说："想象力比知识重要，因为知识是有限的，而想象力概括着世界的一切。"想象力在科研、文学创作等方面有着不可或缺的作用，对文案也是如此。

印度文案大神 Freddy Birdy 的公益文案："有时，孤独和关节炎一样痛。"将难以描述的孤独感受与现实伤病结合，使文案令人印象深刻。

诚品阅读的文案《买一送一的特权》："对买刚出炉的法国面包，要求附赠一束阳光的人。对看电影，要求附赠一辈子回忆的人。对买房子，要求附赠空中花园的人。对喝蓝山咖啡，要求附赠一杯灵感的人。对买好书，要求附赠额外智慧的人。订《诚品阅读》送人文特刊，买一送一的特权，送给以上懂得要求的人。"诚品阅读的文案通过发挥想象力，改变了产品与消费者之间的主被动关系，使促销不再是吸引手段，而是消费者的主动要求。文案中想象力的加入，将非常商业化的促销活动，变得更有格调和品味。

独特的想象力对文案创作而言，会打破惯有的词语搭配方式，将不会同时出现的词语建立联系，给读者一种新鲜、生动的阅读感受。而且，不论文案整体上的架构，还是主题内容的表述，都将化熟悉为神奇，让你的文案充满韵味。

与文案写手分享：

脍炙人口的文案，常常能够让品牌大放异彩，独特的想象力会让人耳目一新。那么，怎样才能发挥想象力，让自己的文案更具魅力呢？

1. 充分了解产品

一个文案写手只有充分了解产品，才能找准产品的定位，并且在此基础上，发挥自己的想象力，给用户最直观的感受。如果连要营销的产品都无法了解，不但不能将产品的特性正确地展示出来，同样也找不到文案最能打动用户的那一个点。

2. 把自己当成目标用户

好文案都是有针对性的，并且针对的范围一定要精准，不能没有具体标准。因此，目标用户应该是一群富有具体特点的人，将他们的生活方式、生活习惯具象化，必要的情况下，还需要能精准到某一个富有典型代表的人。

通过洞察这个人的三观、精神世界等，了解他衣食住行中的细微习惯，逐渐对这个人的方方面面进行剖析。只有这样，才能找到目标用户真正的内心需求，然后投其所好，写出符合对方胃口的文案。

这样即使写出来的文案天马行空，一样能与用户产生共鸣，从而更好地打动用户，激发他们的购买欲望。

3.感情，是最好的触点

根据调查分析，功能需求类的文案总是容易被替代，而情感需求则会越来越持久和专一。一篇只是讲述功能的文案，很难吸引消费者，所以，即便是在必须讲功能的文案中，也需要结合情感进行述说。

广告文案中富有了强烈的感情之后，就能描述出真实而具体的情感和细节，并让情感从细节和文字中流露出来。所以，想象力加情感，就是一篇文案成功的结合。

写一篇文案简单，写一篇成功的文案却很困难。充满了独特想象力的文案，无疑会更加吸引人们的眼球。但是，文案写手要注意，虽然想象力可以天马行空，但是一定不能脱离实际生活，更不能脱离产品。我们写文案是为了将产品营销出去，如果脱离了产品，无异于本末倒置。

有哲理的优美文字值得品味

经典案例回放：

光耀地产曾打出的誉满深圳街头的广告《先生的湖》，几张简单的图片，配上充满哲理意味的文字，读来依然让人心动。

"鱼什么时候来是鱼的事，先生什么时候来，是先生的事。先生来钓鱼，那是先生和鱼的事，先生的湖是先生和鱼的心灵居所。"

"在先生看来，有些走路只是赶路，湖边木栈道，林间小路，连接岸与岛的桥……不是所有的路，都是为了去到那里。先生的湖，山下的墅，给自己多点时间去体会。"

……

"先生总是很慢很慢，慢慢你就会明白，用40分钟与城市保持距离，用20年一步步丈量山路，一生加速，只是为了可以慢下来。先生的湖，山下的墅，给自己多点时间去体会。"

案例分析:

　　如此优美宁静的文字，在这个浮躁的世界里犹如一股清流，让人忍不住停下来去慢慢品味。这个文案给了太多地产广告人、策划者灵感以启发和思考，原来房地产广告还可以这样写。

　　文案不仅需要深入地洞察和摸索消费者内心的诉求，还要精准地把握人们普遍的价值和情感。而对人的主体性哲学思考有利于文案写手增加对人性的理解，让文案更加深入人心。

　　而在生活中，很多文案内容简单粗暴，直接将产品的信息传递给用户。当然，并不是说这种广告文案的方法不好。只是一味地跟随、模仿、统一，很难在众多竞争对手中脱颖而出。在很多时候，即使再优秀的产品也需要一个好的广告文案将它推到用户的面前。

　　《先生的湖》之所以会成功并被奉为经典，更多的原因在于它与别的广告文案不同的出发点。看似只是先生关于湖的哲理探讨，巧妙处在于，文案写手通过这种不明显的方法将产品的优势无声无息地呈现在用户的面前。这既不会因为简单粗暴的文案给用户带来不适，又能让用户在思考时体会到楼盘存在的优势，这就是哲理性语言的魅力所在。

与文案写手分享：

让文案充满哲理，并不代表着我们要写一些似是而非，看着高大上实际上用户根本看不懂的语言，这无疑与文案的初衷背道而驰。那么，怎么才能写出一篇成功的充满哲理的文案呢？

1. 与产品紧密联合

不论写什么类型的文案，最重要的是在文案内容中突出产品的优势。如果一篇文案只注重讲道理或者是思考人生，而和产品没有任何关系，那么这就是一篇失败的文案。文案写手写文案是为了让用户通过阅读去了解产品，因文案而在脑海中留下深刻的印象，或者是产生购买产品的想法。所以，文案写手在写文案时，要对产品进行充分了解，从产品的角度出发进行文案创作，这才是最重要的。

2. 用知识充实自己

没有一篇文案是能够一蹴而就的，尤其是这种哲理型的文案，更加要求文案写手具有丰富的知识，能够对自己的文案进行充分地把控。因为一旦产生偏差，人们便会将其当成一篇文章去阅读，而无法从中正确地提取有关于产品的知识。

只有在生活中多读多看多写，才能将产品完美地和文案结合起来，就像《先生的湖》一般，能够让用户在阅读文案时体悟人生。

第七章

新媒体文案创作

6个关键词

注意力：短平快，不说废话

经典文案回放：

> 选择睿智 MOTO 的五大理由：
>
> 三主要："智能语音识别，完美人机对话、超长影音录放，尽兴时刻全情记录、手写输入连笔草书识别，聪慧灵巧更迅捷。"
>
> 两次要："超级内存，超强应用、强大数据传输，多快好省样样全。"

案例分析：

随着生活节奏的加快，没有人会耐心看完一篇冗长的文章，所以"短平快，不说废话"应该是新媒体文案的一大关键。睿智 MOTO 的文案就非常简洁，将产品的功能和消费者的利益前后列明，让人一目了然。

所谓"短平快"中的"短"就是行文简洁，力求在最短的时间抓住读者的注意，将核心信息传递给读者。"平"

解释为放低姿态，新媒体的大环境使然，高高在上的品牌无法与用户产生有效的沟通。所以，你需要将目标用户当作你最亲近的人，与他们沟通。"快"就是要求传递快速，新媒体要保持对网络热点传播的及时性。

现在信息传播迅速，在各种各样广告不断地侵袭下，人们对很多事物早已产生了视觉疲劳。而且逐渐加快的生活节奏让人们的内心都很浮躁，注意力越来越难以集中，因而人们更加倾向于欣赏"短平快"的文案。

人们看完一篇演讲课程需要一个小时，换成文案仅需要 15 分钟，甚至有些人花费几分钟就可以看完。而短视频的火爆，恰恰迎合了人们当下追求"短平快"的观念。

商业广告的华丽，抽丝剥茧不过是寥寥些许文字。更多时候，用户没有时间和耐心去欣赏你的辞藻和意境，他们更希望你的文字能够更加精准、简练地说出他的诉求，满足他的欲望。与其云山雾罩，不如开门见山，"短平快"的写作技巧显得尤为重要。

与文案写手分享：

在快节奏的信息化时代，人们越来越注意沟通的成本与效率，如果一两句话能够说清楚，尽量不要说第三句话，文案也是如此。那么，如何实现文案的"短平快"呢？

1. 标题短小精致

一个标题的价值是整个广告文案的 80%，所以实现文案的"短平快"首先要从标题入手。文案写手利用标题对痛点和需求点进行精确打击的同时，要写得简单明确，让人一看便知。如果标题太过冗长，并没有提供实质的价值，只会让用户心生厌倦。

2. 条理清晰，逻辑清楚

文案的逻辑清晰是实现"短平快"的重中之重。如果你写了 1000 字仍没有将想要表达的事情说清楚，那用户也无法理解你到底在讲什么。逻辑清晰，这个要求虽然看起来很低，实际上是很多文案新手常犯的错误。他们一般会追求文案的深刻有趣，认为应该语不惊人死不休。这样反而将他们拉进了误区。

比如："某某活动就要开始了，亲们请注意，活动只有三天，从今天开始到本周三结束，所有商品一折起，错过了再等一年。众里比价千百度，突然发现，击穿底价就三天。你还在等什么，赶紧把手剁起来吧！"

这种类型的文案，乍一看很有号召力，实际上什么都没交代清楚。其实，略微的改动就可以把事情说清楚，还不显得啰唆。

比如："2019 年 9 月 10 日至 2019 年 9 月 13 日，本店所有商品一折起，错过再等一年！"

3. 重点突出，没有废话

文案越冗长，用户阅读完的概率就越低，信息的完整度就会受影响。文案写手应该尽量浓缩文案内容，将主要的信息、关键词进行清晰地呈现，让用户看到最精练的部分，提升他们读完全部文案的欲望，也避免受到冗余信息的干扰。

参考上个例子："2019 年 9 月 10 日至 2019 年 9 月 13 日，本店所有商品一折起。热门商品 1 累计销量 2000 万，原价 1100 元，限时特价 110 元；热门商品 2 累计销量 1800 万，原价 200 元，限时白菜价 20 元。数量有限，售完即止，错过再等一年！"

今日头条曾公布过一组数据："1000 字的文章平均跳出率是 22.1%，而 4000 字的文章的跳出率则达到 65.8%。"所以，要想让自己的文案传播的信息被更多的用户记忆和传播，它就必须单纯且清晰。

4. 深刻有趣

文案在追求"短平快"的同时，尽量要具有脑洞和传播能力，让人印象深刻并乐于向他人传播。比如，路边广告的神曲《江南皮革厂倒闭了》就是一个很好的例子，魔性、洗脑，让人津津乐道。

娱乐：轻松搞笑，被更多人分享

经典案例回放：

　　鸡肉串是日本常见的一种小吃，它的文案让人忍俊不禁，引起了大量的关注和转发。文案由几张图片组成，主角是一只背着包袱和两根大葱的小鸡，描述了小鸡成为优秀鸡肉串的过程。如图 7-1、图 7-2、图 7-3、图 7-4 所示：

图 7-1

图 7-2

图 7-3

图 7-4

案例分析：

鸡肉串文案在当代快节奏的生活中，以其轻松幽默的特性满足了人们对轻松舒畅生活氛围的追求。纵观曾经火爆一时的文案，除了情感类的煽情文案，最受欢迎、能够让人分享的就是那些轻松搞笑的文案。

轻松搞笑的广告总是用一种幽默的表现方式来宣传产品。它的新奇会给人一种不一样的感觉，突破人们原有的心理定式，使人产生愉悦和轻快感。诙谐、风趣的内容在大脑传递的过程中会形成一个爆发点，引发人们由衷的笑声。

幽默引发的笑声是一种内心愿意接纳的表示。当用户被文案中的搞笑内容和情景所逗笑时，心理就处于一种积极的兴奋状态，而这种感官机能的兴奋，就在心理层面消除了对广告的防线，此时用户最容易受到广告的影响。这种在轻松愉快的心境中完成对产品的认知、记忆、选择和决策的过程，使人们能够愉快地接受广告对商品的介绍与宣传。

轻松搞笑的文案运用得当也会提升品牌热度，带来大量的用户关注。比如，之前海尔公司要更换新的海尔兄弟图标形象，于是在网络上发起了"大画海尔兄弟"活动，呼吁网友可以在指定网站上传自己的作品。这个活动一经发起，在短时间内，就有大量"搞笑"海尔兄弟的作品涌入网站，像土豪版、"好基友"版、肌肉美男版等。

活动的走向大大出乎了海尔公司的预料，但是不可否认，这些搞笑的作品为海尔公司带来了大量热度，并且对其品牌的年轻化起到了正面的引导作用。

在众多广告文案中，轻松搞笑的文案并不少见，比如谷歌的一期文案："知之为知之，不知 Google 之"，还有"世界上有两个地方，体重就是地位。一个在相扑场，一个在猪圈"，"本店没有巨大的资金，但是有巨大的鸡腿"，等。每当看到这样的文案，总是会让人忍不住嘴角上扬。这种轻松能为人们带来欢乐的文案，更容易让人们去和周围的人分享。

与文案写手分享：

在注意力稀缺时代，幽默型文案更容易撩拨起人的情绪。那么，如何写出一篇轻松搞笑的文案呢？

1. 借助网络段子

在娱乐为王的社交时代，网上盛产了大量的段子手。他们凭借风趣幽默的文风，收获了很多读者的心。如果在文案中借鉴一些有趣的段子，就能收到很好的幽默效果。

一些小店主就能很好地借助网络上的段子。比如，有卖空调的商家打出这样的广告语："我们的空调和你前任的心一样冷。"有新开的小店挂出招牌："本店离百年老店还有 99 年"……让人忍俊不禁。

文案写手同样可以借助段子写出有趣的文案，比如，"据说爱笑的女孩，鱼尾纹都比较多""以后的路你自己走，我打车""你所有为人称道的美丽，都有 PS 的痕迹""从前有只丑小鸭，不过人们发现它虽然长得丑，可味道还是很好的"……文案写手平时可多关注一些社交平台、网络热点等，找到有趣的元素，灵活运用到文案的写作中。

2. 巧用谐音

谐音的幽默在于理解误会的产生。这对于文案写手来说并不是一件困难的事情，重点就是利用不同词语和语句的相似之处来制造笑点。这种方式的文案很容易被人们理解，属于大众化的搞笑故事。比如：

A："World sing how learn。"

B："啥意思？世界唱歌怎么学？"

A："我的心好冷，你个土包子。"

像这种"中西合璧"的方式和原词与谐音高度同步，就是创造幽默型文案的关键笑点。

3. 巧用双关语

"双关语"能够利用文字、语言上的多义和谐音，给人造成一定的误解或似是而非的感觉，让文案形成幽默的氛围。比如，腾讯新闻的文案"十四我们绝不说成四十"，就是利用了十四和四十这个经典绕口令与新闻事实的谐音，以达到强调尊重事实新闻态度的目的。这就是典型的双关语。

4. 使用灾难效应

所谓"灾难效应"，就是有些事情一旦发生，结果会令人难以接受。如果事情突然出现转折，避免了事情的发生，人们就会本能地松口气，并用一种"侥幸的笑"进行回应。

这种幸灾乐祸的幽默，杜蕾斯的文案中经常用到，它带来的效果也是十分可观的。比如，"当父亲的代价：奶瓶费、保姆费、童车费、玩具费、童装费、奶粉费、尿不湿、学费、生活费、买车、买房、结婚……不当父亲的代价，仅为'小杜杜'"。

5.老梗新用

套用典故创作文案的方式比较多，古往今来，很多一本正经的典故都是文案写手信手拈来的素材。而通过破坏意境，来表达与之无关的文案，往往能够收获理想的效果。因为这样的文案是由典故的强行加入与原意产生对比冲突，进而激发读者的阅读兴趣。比如，"一个男士过河，不小心把他的山寨机掉到了河里。河神冒出来，拿出了苹果X、华为P20问是否是他掉的，先生摇了摇头拒绝了。河神为其诚实大为感动，将三部手机都给了先生。另一人听了很羡慕，第二天就把自己的诺基亚扔进了河里，结果没一会儿，河神的尸体冒出来了。"被诺基亚手机砸死了！这就是典型的"老梗新用"。

6.取材于生活

取材于真实生活的场景，会让人觉得有洞察感。如猪饲料的文案："世界上有两个地方，体重就是地位。一个在相扑场，一个在猪圈。"两者的真实感带来的反差，让人忍俊不禁。能够深入人心的笑点总是源于生活而高于生活，因此，文案写手要仔细搜集身边真实发生的趣事。

　　同时，文案写手要注意，幽默型文案是为了让用户在欢笑放松之余，感受到产品的优势，进而去购买。文案写手不能为了搞笑，一味地去写一些庸俗、恶俗的信息，那样只能令人生厌。

价值塑造：说出大部分人想说不敢说的话

经典案例回放：

　　小马宋为猎豹清理大师设计的文案，如图 7-5 所示：

图 7-5

案例回放：

　　小马宋为猎豹清理大师写的文案，说出了大家想说而不敢说的话，引起了大家的共鸣。幸好在手机上你不用忍着，不管什么垃圾，猎豹都会清理干净的价值塑造水到渠成。所以，文案不仅要表达自己的态度，还要能表达用户的态度，说出读者想说的话。

　　传闻美国有一个啤酒品牌在业界的地位一直排在第二，与第一的市场份额相差很大。但来参观的专家对其发酵过程的精致与严格叹为观止，提议将酿造过程作为文案核心。老板认为所有啤酒厂的啤酒都是这样生产出来的，将这个过程告诉消费者没有太大的意义。然而专家写了一篇文案，讲述了这家啤酒厂的啤酒是怎么生产出来的，消费者感到震撼不已，于是，这个品牌逐渐坐上了行业的头把交椅。

　　对产品而言，如果你不为它塑造价值，没有深层次了解的用户就不会知晓产品的优势，很可能因为犹豫或认为交易不划算而放弃下单意图。

　　所以说文案一定要塑造价值。当你懂得如何去塑造价值感时，你的产品就会让用户感觉与其他产品不一样，进而认可你的产品的价值。

　　当你在文案中说了用户想说却不敢说的话，就会让用户产生代入感，从而让用户与产品产生共鸣，更好地塑造产品的价值。

与文案写手分享：

　　既然价值塑造如此重要，那么文案的价值塑造有什么技巧吗？

1. 让文案有价值

　　不要将目光放在产品的材料上，要从用户的角度出发，找到产品应有的价值。不论时代怎样发展，人们愿意关注的永远都是对自身有用的东西。

　　以钻石为例，钻石是本质就是碳，与铅笔芯是同一种成分。在各式各样的广告渲染之下，它变成为爱情与永恒的代名词。所以，人们一谈到钻石，就会想到："钻石恒久远，一颗永流传。"而不是说："钻石就是一块碳，比你的铅笔要结实，能切割东西。"

2. 找到核心记忆点

　　一个产品是否能够被用户记住，关键就是文案写手是否能够找到产品的核心点，并且对其进行着重描写，将它发扬光大，从而让用户记住这个点。有很多文案写手对产品进行描述的时候，总是希望能够将所有的优势都写出来，这是一个很严重的错误。这样做不但会模糊用户的记忆点，而且也会让文案变得平淡无奇。

　　以钻石为例，钻石出现最多的场景就是婚礼。众多的广告强化了钻石与浪漫爱情的联系，让男人相信，更大更好的钻石才能代表你更真挚的心意和更浓烈的爱意，同时鼓励女人，将钻石视作浪漫求爱的必要部分。通过对消费者成功施加了心理暗示，完美地产生了错觉和幻觉，把一块普通的石头变成了无坚不摧的奢侈爱情浪漫利器。

3. 情绪植入

在很多时候，没有什么比情感共鸣更能打动用户的。文案写手如果在文案中植入搞笑、感动、喜悦、积极等内容，触碰到用户的内心，进而产生共鸣，就能引起用户对文案的关注。

4. 添加赠品

添加赠品也是塑造价值的一种体现。相比单一的产品而言，赠品本身就意味着给予消费者更多的价值，自然会为产品提升价值感。当然，这里的赠品可以是现实中的物品，也可以是虚拟的物品，某种行业的心得、专业的材料、一些精心挑选的照片等，只要让消费者认为有价值就可以。

互动：增强代入感

经典案例回放：

支付宝发布了一则《Uber 版本更替支付宝风险危机》的文案：

值此 Uber 新老版本更替之际，很多人担心虽然老版 Uber 不用了，可里面还绑着自己的支付宝呢，是不是得马上解绑？不解绑会不会有风险？该怎么解绑？

大家多虑了，我都打点好了。支付宝为老版 Uber 在中国提供的支付通道已经自动关闭，就算你逼我付钱，臣妾也做不到了。所以也就没有解绑的必要了。

大家可以使用新版的 Uber，同样也可以用支付宝。

综上所述，你啥事儿都不用干，该吃吃该喝喝。

案例分析：

支付宝的这则文案要文笔没文笔，要排版没排版，看似只是单方面的"任性"通知，实则互动性极强，有一种当面交流的既视感。整篇文案超过 10 万的阅读量就足以说明一切。

互动性强的文案能够激发消费者的三重反应，在产品与用户之间架起桥梁，使产品理念与用户情感擦出火花。

第一重："啊！你怎么会知道！"初见文案的惊讶，在于精准抓住用户痛点。

第二重："我也有这种感觉！"文案内容与用户产生强烈的共鸣，提升了用户对产品的好感与信任。

第三重："这么多品牌，还是你懂我。"明确需求，直击痛点，唤醒情绪，交流情感，建立信任，一气呵成。

互动性文案能够让用户在阅读过程中产生参与感，对准确地传递情感、利益，引发共鸣有极大的促进作用。比如：

从情感角度出发。"我是盲人，请帮助我"就是一篇文案，但它只是站在自身的角度，叙述了自己是一个盲人的事实，不足以让人们产生代入感。而"多么美好的一天啊，但我看不见"就可以在情感上引起人们的共鸣，因为，这句文案会使人在第一时间想到自己能看见是多么幸运，而你是多么不幸，从而产生帮助你的行动。

从利益角度出发。"彩票最高奖金1000万"这句文案中，"1000万"给足了人们诱惑，但极低的概率极大地增加了触摸奖金的难度，降低了人们想要触摸的欲望。所以，你就必须将他们代入其中，告诉他们：如果你不抬手试试，怎么知道触摸不到。所以，就可以这样写："是啊，你这辈子可能都挣不到 1000 万，但你买彩票至少有中一次的机会啊。"

与文案写手分享：

要想增强代入感，让文案开口"说话"，可以试试以下几种技巧：

1. 文案人格化

用文案将用户带入面对面沟通的情景，不需要华丽的语言，就像两个人相对而坐，促膝而谈。尽量多使用一些让人感到亲切的句式，比如，"你知道吗……""告诉你一个秘密……""告诉你一个好消息……"等。让用户在阅读文案时，像是在听你说话，思考你要塑造的是一个什么样的"人"。

2. 多提问

在文案互动中，尽量多使用第二人称"你"。一者，第二人称符合交流的场景，再者，人们最关心的都是与自己相关的问题。所以，你要时刻提及他和他的问题，调动用户思考，使双方产生互动。

3. 举例子

多举例子、打比方能够让文案简洁的语言变得更加自然和有趣。史蒂芬·金说："比喻用到点子上带给我们的喜悦，好比在一群陌生人中遇到一位老朋友一般。将两件看似毫不相关的事物放在一起比较，有时可以让我们换一种全新的生动眼光来看待寻常旧事。"

比喻像是在与用户交流时，给他带来一个老朋友，贴近了他的生活，他自然愿意听你继续"说"下去。多使用比喻能够加强文案的戏剧性，同样也会使文字显得更加生动。

4.叙述细节

文案中将细节丰满，能够将抽象内容变得更加具有画面感，使用户更容易卷入其中。比如，《舌尖上的中国》的旁白文案，没有单纯使用"好吃、美味"等词语，而是将自己置于烹饪之中，描绘出五官所带来的感受，调动观众的味蕾。

一篇好的文案只有打动用户，让用户愿意去"交流"，才能更好地提升转化率。

逻辑：背后是深度思考

经典案例回放：

> 许舜英为 Stella Luna 女鞋撰写的顶级文案《工艺是时尚的灵魂》如下：
>
> 设计师的创作不过是一幅美丽的遐想，如果缺少三维空间的诠释能力

鞋跟高度只是虚荣的数字，了解人体工学和航空力学才能成功制造一种性感

没有经过细腻的几何逻辑推演，再迷人的线条也无法结构出流动的魅力

只有不断试验材质和配色的新的可能性，才能说出更进化的美学语言

真正让女人沉溺的鞋子，绝不只是外表，还有一种穿上了就不想脱下的欲望

是热情是知识是细节是极致工艺精神，让一双鞋子拥有了时尚的灵魂

案例分析：

文案作者没有随意堆砌词藻来描绘材质，而是运用强大的逻辑能力，将"三维空间、工学、力学、几何逻辑"等理工科范畴的专业词语，作为高跟鞋的性感背后的必要条件，进而强调了工艺对时尚的意义。

一篇优秀的文案背后，一定有着严谨的逻辑和精妙的布局。这些细枝末节来自大量的用户调研、目标人群分析等，绝不是随意空想就能完成的。广告大师大卫·奥格威在《一个广告人的自白》中写道："消费者不是傻瓜，消费者就好比是你的妻子，如果你以为仅凭口号和煽情的形容词就能劝服她购买东西，那你是在侮辱她的智商。"

很多文案没有说服力的原因就是缺乏逻辑性，大致分为三种情况：

1. 将个人主观的看法或感受作为论据

比如，"我非常看好这款手机，它一定可以成为时代的潮流"，这就是没有说服力的文案。因为它将没有强力依据支撑的个人感受作为论据，给人一种莫名其妙的感觉。你个人的感受如何能影响时代潮流？这在逻辑上是无法讲通的。

2. 用语言的反面或不同的说法表达重复

比如，"你还没有拥有这款手机，所以你就应该去购买一款"，这种文案看上去很可笑。并且类似的强盗观点很容易让人产生反感的情绪，但是，这种表达方式的文案在生活中层出不穷。

3. 因果关系混乱，逻辑过于跳跃

比如，"这款手机超大内存，是送给女朋友的最好礼物"一类的文案，将因果强行关联会让人困惑不解，无法理解两者之间的关系。假如你将逻辑关系补足，就不会显得如此生硬，像"这款手机超大内存，可以存储 10000 张照片，是送给喜爱自拍的女朋友最好的礼物"这种，就会更有说服力一点。

一篇能够收获读者阅读精力、时间和注意力的文案，其核心就是逻辑。文案没有逻辑，文章没有重点，让人不知所云；文章逻辑性强，寥寥几句就可切中要害。其实，讲逻辑就是思路清晰、条例分明，复杂的事情简单地说，简单的事情完整地说。

与文案写手分享：

在新媒体文案创作时，文案写手通常会感觉无从下手。文案的切入点、开篇、文章顺序、论证过程等都是需要文案写手考虑的点。那么，如何写出一篇结构明确、逻辑严谨的文案呢？

1.逐步延伸的思考链

逻辑背后一定是深度思考。思考一般由连续的提问和回答构成，文案的创作可以从产品角度出发，提出问题。比如：

产品值得人们关注的细节有哪些？我们可以从区别于其他产品的创意优势和质量优势入手；产品帮助用户解决的需求是什么？我们可以从同类产品用户评价的两个极端，提炼用户的精准痛点；相比同类竞品的优势是什么？可以从价格、质量、用户体验等方面寻找答案。

2.设计内容结构

思考链为文案创作收集了论点、论据等素材，好的内容结构能使读者阅读和理解更加顺畅。推荐三种最常见的文案结构：

（1）总分总结构

文案在框架上分为"总—分—总"或"总—分"结构。行文中的第一个"总"就是建立一个问题，全文围绕这个问题做出的回答就是"分"。建立的问题可以分解成若干个小问题，在文案框架上形成衔接上下的台阶架构，逐步靠近建立的问题。当所有的小问题解答完成之后，那么立题的大问题也就解决了。最后一个"总"就是为全文做一个总结。篇幅较小的文案也可以使用"总—分"结构。

（2）清单式结构

利用清单列表的方式罗列出用户所需信息或文案写手打算呈现的内容。适用于内容信息多为平行结构的文案。

推荐类：比如，推荐北方冬季旅游必去的十大景点、适合打发零散时间的五个小游戏、某某行业新人必读的十本书等。

方案类：比如，某一疾病的预防或治疗措施提供不同的方案、食疗或药疗、中药或西药等；某一城市的几种旅游路线。

清单式结构适用于选题丰富、内容信息量大的文案，能够给用户一种帮助他们实际解决问题的感受。

（3）故事型结构

故事以时间线、主人公心理活动变化等为轴，本身自带逻辑，但对文案写手的脑洞和文笔要求颇高。一个好的故事能够将用户带入其中，渐入佳境。

一篇文章将思考链呈现于有逻辑的结构中，能够解决文章逻辑性不强的问题。

传播：从"渠道为王"到"内容为王"

经典案例分析：

杜蕾斯，这个在情趣行业不断耕耘的品牌，总会用不同的文案将情趣展示出来，让人惊喜却无伤大雅，也让人印象深刻。如图 7-6、图 7-7 所示：

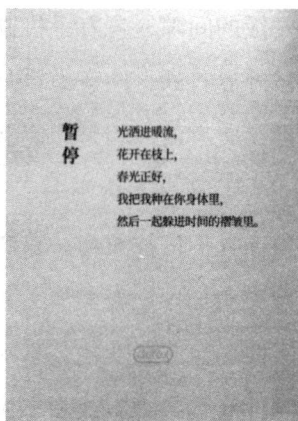

图 7-6

图 7-7

案例分析：

在"渠道为王"的时代，杜蕾斯同大多数传统品牌相似，在新兴的平台上粗暴地推销着自家的产品。消费者只能被动地接收信息，且品牌与消费者之间的接触有限。新媒体时代让传播方式的重心由"播"变成了"传"。这种改变对新媒体文案而言，需要从原始的"渠道为王"转化成"内容为王"。

"渠道为王"的时代，因为传播渠道单一，产品的有效信息传播受到严重限制，而且这种传播渠道是单方面输出，用户只能被动地选择接受或不接受，无法进行有效的反馈。网络科技的发展，让游戏规则发生了变化。

现在读者每天进行的是碎片化阅读，随时随地，马桶上、地铁上、等公交的路边、吃饭的间隙，拿着手机刷一刷。这种情况下，读者很容易被外界打断，注意力也是分散的。此时，注意力就成为重点，文案的内容是否能够具有传播力就成了最重要的因素。

新媒体文案的本质就在于争夺人们的注意力。在产品信息繁杂多样、内容大爆炸的炮火硝烟中，新媒体文案必须保证内容优质，才能抓住读者眼球，并激发他分享的欲望和冲动。那么，什么样的文案才有传播力？或者，换句话问：什么样的文案你才愿意转发到朋友圈？

1. 暖心类

转发目的：让感动我的文字，也感动你。

如果一个文案你都看哭了，会不转发分享吗？在无奈现实里奔走的人，总是容易感慨于盛在字里行间的人间百味，那些烹调酸甜苦辣的爱情，那条记忆中弥漫着桂花香的小巷，那个灯火通明的燃着奋斗气息的城市……让我们想起失落已久的"我爱你"，还有那个不曾向现实低头的少年。

暖心的文案总是把你记忆里热气腾腾的欲望点燃，比如贝壳找房的那句："有时候'回家吧'，比'我爱你'更像情话。"比如，央视公益广告《家香 家乡》中的那句："家，是我们一辈子的馋。"

2. 励志类

当我们在阅读一些文案时，想象体验和真实体验一般很容易混淆。当你阅读完一些心灵鸡汤、励志故事后，即使你根本没有行动，内心也会产生行动过后的满足感。

例如，"劲牌"励志海报《有劲，才有可能》中的"熬过了这些日夜颠倒，梦想才会按时报到"。

3. 引发愤怒或恐慌

转发目的：希望更多人知道这件事情，并站在你这边。

例如：《微信崩了！无法支付！文章又打不开！》

一个能够引发愤怒或者恐慌的文章很容易被转发。因为当我表示自己因某件事而感到愤怒时，会希望别人通过转发支持我的观点。如果我因为某件事感到恐慌，我也希望大家了解我的恐慌。

4. 有价值的故事

转发目的：我喜欢有价值的东西。

例如：《我是怎样赚到现在这些钱的》《工作十年，我经历了哪些思维上的转变》

任何人都不会拒绝听故事，尤其是有价值的故事，可以唤起我们内心的相似记忆，产生认同感。或者是当成参照物，努力向其靠齐。一个优秀的故事，能够激发人们的阅读兴趣，被转发的概率也会提高。

5. 简单实用的知识类

转发目的：表达自己是一个爱学习的人。

例如：《商业世界的 11 条真相》《一篇看懂互联网时代的品牌建设与传播》

知识类的内容可以说是转发度最高的，在这个世界上，有优质的知识是判断一个人是否优质的基础。所以，大概没有人会承认自己的无知。

6. 共鸣度高

转发目的：简直说出了我的心声。

例如：《谁不是一边不想活了，一边努力活着》

试图与用户产生共鸣是为了与他们拉近距离，将用户带入文章设定的环境中去。如果不给用户留有缓冲的余地，当用户进入文章的情景中时，直接面对品牌的宣传，很容易激起抵触情绪。

与文案写手分享：

时代更替的力量是摧枯拉朽的，无论你拥有多么强大的传播渠道，在这个"内容为王"的互联网时代，都会不堪一击。那么，如何让自己的文案具有传播性呢？

1.口语化

尽量多使用一些"接地气"的口语，使文案内容避免生涩、拗口。而口语化的判断依据就是能够将这句话讲给别人听。

比如，奥迪"突破科技，启迪未来"的文案，这种话只会出现在演讲或海报上，在生活中没有人会使用它去推荐一款车。而"开宝马，坐奔驰"与之相比更具有传播力度。

2.场景化

你的文案也应该定位到一个特定的场景、时间、人物、心理状态等，目的是让消费者对你的文案进行学习和模仿。而心理学对学习的定义是：改变特定场景下的行为概率。就像你在开车的时候，遇到红灯会减速一样。最常见的案例就是加多宝的"怕上火，喝加多宝"。

3.改编熟语

将人们常用的熟语改编成你的广告，也会让消费者易于传播。常见的熟语有歌词、谚语、成语等等。

比如，丰田的"车到山前必有路，有路必有丰田车"，诺亚舟的"书山有路勤为径，学海无涯诺亚舟"，都是将人们熟知的诗句改编成了广告语。

4.易于改编

有时候，别人随意打趣，会说出"走路五分钟，出汗两小时"之类的话。而这种模式，来自OPPO手机的广告"充电五分钟，通话两小时"。虽然说这些话的人并没有直接宣传OPPO，但当你听到这些话时，就会自觉联想到OPPO。

5.通用化

如果你的文案内容本就是人们日常生活中会说到的内容，就能达到传播的效果。比如，阿迪达斯的"没有不可能"，飘柔的"就是这么自信"等，都是人们本来就会说的话。

一篇文案内容的可传播性，决定了再次传播带给用户的印象。好的内容、好的传播、好的设计才能由"播"变成"传"。

第八章

视觉设计，让人惊艳的行文技巧

文字排版，篇幅再长也能赏心悦目

经典案例回放：

　　单纯的文字，不进行排版的样子，如图 8-1
所示。进行排版之后，图文结合，如图 8-2 所示。两篇文案
给人的印象，立判高下。

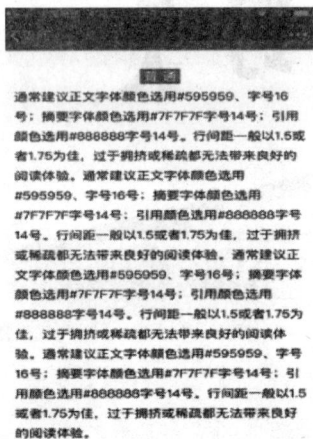

图 8-1

图 8-2

案例分析：

　　一篇文案的最终目的是通过视觉传递给用户信息，文案内信息作为最直观的信息传递方式，在设计环节起着至关重要的作用。

　　所谓文字排版，就是通过设计编排手法将原本杂乱的信息变得更有条理、耐读，就是一个分拣信息、找到重点的过程。同时，也是为了让用户在最短的时间内最大限度地捕捉有效信息，且能够体现设计感，而不只是枯燥无味的文字摆放。

　　文案排版之后，不论是文字还是图片，即使是图文结合，也能让图片和文字之间相得益彰。在第一时间给用户营造一个舒适的视觉环境，即使内容上没有突出的新意，用户也会因为文案的排版漂亮，而对其付出一份耐心。文字排版的好坏意味着一篇文案在视觉上是否占有优势。

　　这有利于用户充分了解文案中传递的信息，进而产生购买行为。

与文案写手分享：

　　文字的排版，主要是为了合理地布局文案，并有效突出产品重点。那么，怎样才能写出一篇排版漂亮的文案呢？

1. 文字编排遵循四原则

　　对齐原则："相关内容必须对齐，次级标题必须缩进，方便读者视线快速移动，一眼看到最重要的信息。"单从视觉效果上看，对齐后的文字给人感觉条理性更强，更具整体性、严谨性，更加赏心悦目、易于接受。

留白原则："任何事都有物极必反的效果，一味向文案中填充各种元素也会让文案变得杂乱。"不要将页面的空间全部占满，一定要适当留出一些空间，这样能够减少页面内容堆积的压迫感，又能够指引读者发现文案的重点。

降噪原则：排版的目的旨在突出重点，所以一定不要"百花争艳"，色彩、文字、图片过多，都将变成分散读者注意力的"噪声"。

重复原则：当进行多页面排版时，保持各页面的一致性和连贯性是我们需要关注的重点。而重要的信息可以在不同的页面重复出现。

2.图文结合，合理布局空间

在有限的空间内，如何将图片和文字全部放下，还能给人惊艳而非惊吓的感觉，这就涉及了空间布局的问题。空间，就是在对的位置，创造对的文案。一般的空间布局主要有三种，即中心分布（图8-3）、左右或上下分布（图8-4）、对角线分布（图8-5）。

其中，中心分布是一种最稳妥、保险的排版。在这种排版方式中，文字是主要内容，也可以与图片相关联，具有方便阅读、画面稳定的效果。左右或上下分布的方式，是很多文案写手经常会使用的分布形式。这种分布排列方式很容易平衡版式，在最终

图 8-3   图 8-4   图 8-5

效果上，也能有效表示出内容与文案的区别对应。对角线分布，则更具视觉冲击。这种布局方式不显呆板，文案在里面的作用一般都是辅助说明，画面的主体多为展示产品细节。

3. 不可忽略的排版细节

优秀的排版总能让我们的文案更显档次，也更有逻辑性，易于让人接受。下面我们来介绍几个简单实用的排版小细节。

（1）运用对比

运用对比，就是将文案的字体进行格式或大小区分，形成对比。比如，文字的大小对比能突出主次，文字的粗细对比能产生视觉中心点，不同的字形对比能让文字变得更自由、活泼，等等。有了对比，才能让文案更有视觉冲击力。

（2）运用中英文结合

很多人都觉得用英文排版更好看。之所以会产生这种效果，不仅是因为英文更显"高大上"，更因为英文字母的构成较为简单，能够灵活多变，具有很强的图形感。所以，我们在做文案排版的时候，不妨使用双语编排，尤其是在标题和重要段落上。这种方式能有效吸引读者的目光，并增强读者的阅读兴趣。

（3）添加修饰效果

通过给文案添加或删减一些细节的修饰，让单调的文字变得细腻。比如，在基础文案上添加一些元素，就能起到突出重点的作用；或者对文案的边缘进行裁剪，就能有效扩大空间感。

巧用色彩，提升文案作品的颜值

经典案例回放：

谈起麦当劳，你一定会立刻联想到口味多样的汉堡和金黄的薯条。麦当劳的首席设计师丹尼斯·威尔让色彩与麦当劳碰撞出炫目的火花。如图8-6、图8-7所示：

图8-6

图8-7

案例分析：

　　麦当劳的广告主色调选择了红色与黄色，在颜色功能上，红色和黄色容易唤起消费者的饥饿感。而且色彩心理学表示，红色可以对人的呼吸频率和血压产生影响，促进新陈代谢，从而引发饥饿。而黄色有幸福和快乐的含义，同时也是一种表达善意与友谊的颜色。

　　因此，在现代广告设计中，色彩是最重要的情感表达手段，它是帮助我们产生视觉冲击力和艺术感染力的重要因素。色彩不仅能在画面中起到均衡构图的作用，还具有传达不同色彩语言、释放不同色彩情感，从而让用户与广告画面进行良好沟通的作用。

　　当不同的色彩作用于视觉器官时，必然促使带有某种情感的心理活动的产生。比如，红色会让我们感觉情绪激动、血压升高，蓝色会让我们情绪安静、平和，黑色等沉重的颜色让人感到压抑。因此，颜色的选择在广告中会对消费者的接受程度产生直接影响。

　　在生活中，食物不可能长时间保持新鲜，很多人都会不由自主想到冰箱。这就表示在做一些新鲜食物的广告时，整体的主色调应该选择冷色，给人一种冰与水的感觉，如蓝色和白色。当暖色作为主色调时，比如红色，就会让人产生火焰在烘焙的感觉，所以面包店的广告用的就是红色与黄色的暖色调，与麦当劳广告产生的效果相同。

婚庆公司的广告，可以使用具有强烈对比的色彩，比如橙红色与天蓝色，从而促使消费者注意广告内容。而数码产品一般都会采用冷色系列，冷色调体现了科学的严谨性，给人可信度，让消费者放心。

心理学家表示，用户对某一产品或服务抱以接受或拒绝的态度，有 60% 取决于色彩印象。所以，文案写手要想用正确的色彩表达自己想传递的信息，就要考虑到观众的主观性，在达到传递目的的前提下，在色彩表达和色彩含义之间做平衡。

与文案写手分享：

在文案设计中，色彩的运用是非常重要的，它是决定产品能否成功的关键。那么，在运用色彩的时候需要注意什么呢？

1. 配色规律

文案写手要想准确运用色彩，充分表现广告的主题内容和思想，就必须熟知影响色彩的各种因素。虽然我们不能在广告中满足每个人的喜好，但可以根据大部分目标消费者对特别产品的颜色认同程度来处理广告中的色彩问题。

比如，小孩子的玩具广告颜色可以鲜艳一点，女士化妆品广告适合用一些淡雅的色彩，老年人用品广告应该选用厚重、柔和一些的色彩。

2. 人对色彩的记忆

每个人对色彩的记忆，会因其个性、年龄以及所处自然环境和社会背景等多种因素而形成较大差异。一般情况下，人们对暖色系的记忆要比冷灰色系强，对原色的记忆比间色强，对明清色的记忆比暗色强，对华丽颜色的记忆比朴素颜色要强。

不仅如此，因为所处背景不同，人们对颜色的记忆也会发生很大变化。比如，暖色的纯色要比同色的高明度色彩记忆要高，而冷色系的纯色则与同色的高明度记忆效果大致相同。

3. 色彩的使用

很多文案写手都知道，色彩是有"温度"的，在文案设计中，我们就要用这种色彩的温度感来表现产品与它相对应的"属性"。就像在食品广告中，我们一般都会选择暖色为基调，比如用橘黄色来表现面包，能够有效表现出面包的香甜可口、健康、纯天然等特征。试想一下，如果我们用冷色调，就难以取得这样的广告效果。

如果我们想提高产品的价位和档次，就可以借助色彩的华丽来表现产品高贵的形象。比如红色所彰显的华丽感比较强，所以在金银首饰、高档化妆品、名表等产品中，很多文案写手都会选择用红色来包装产品，以衬托出产品的高质量。

总而言之，色彩在文案创作中具有重大意义。我们不仅要从色彩的心理上认识色彩的重要性，还要注意色彩与色彩的组合在广告设计中所起的作用。

活用短句，把整篇文字打散

奥美为长城葡萄酒写的文案《三毫米的旅程，一颗好葡萄要走十年》：

三毫米，

瓶壁外面到里面的距离。

不是每颗葡萄，

都有资格踏上这三毫米的旅程。

它必是葡园中的贵族；

占据区区几平方公里的沙砾土地；

坡地的方位像为它精心计量过，

刚好能迎上远道而来的季风。

它小时候，没遇到一场霜冻和冷雨；

旺盛的青春期，碰上十几年最好的太阳；

临近成熟，没有雨水冲淡它酝酿已久的糖分；

甚至山雀也从未打它的主意。

摘了三十五年葡萄的老工人，

耐心地等到糖分和酸度完全平衡的一刻

才把它摘下；

酒庄里最德高望重的酿酒师，

每个环节都要亲手控制，小心翼翼。

而现在，一切光环都被隔绝在外。

黑暗、潮湿的地窖里，

葡萄要完成最后三毫米的推进。

天堂并非遥不可及，再走

十年而已。

案例分析：

　　长城葡萄酒的这则广告，整体上简洁稳重，大气开阔，最出彩的就是广告的文案部分。广告通过各种短句描绘出了一幅幅美丽的画面，将长城葡萄酒从选材到生产的一系列过程摆在了人们面前。它简约大方的风格利于长城葡萄酒的传播，不像有些作品繁复而冗杂，令人无法产生阅读下去的兴趣。

　　短句的应用不仅可以使文案变得简洁，而且更容易被理解和阅读。在布局时，把主要段落分成几个小段落，在文案中增加短句的比例，采用长短句相间的形式，可以制造出抑扬顿挫的节奏感和画面感。

就像美国传奇文案写手罗伯特·布莱曾说："偶尔把一句话当成一个段落，可以改变文章文案的节奏，让整个文案变得比较活泼。"这就像长长的道路突然出现拐弯，让恍惚的司机完全清醒过来一样。

一篇文案的文章如果能够达到"多一字则累赘，少一字则害意"的境界，就会让人印象深刻。如果创意故意烦琐，必然会造成产品信息被模糊了重点，令人看得一头雾水。

随着工作生活节奏不断加快，用户很少对表述模糊不清、内容拖沓的文案产生兴趣。为了避免造成和用户的"沟通障碍"，我们要学会使用短句。尤其是当我们无法驾驭某些使用难度颇高的文字时，更应该将目光放在短句上。这样，不但能够使文案自身结构完整、叙述紧凑，还能带给用户一个清晰的思路。

与文案写手分享：

针对不同篇幅的文案，文案写手如何通过拆分短句使文案更加清晰明了、主题突出呢？

1. 针对长文案

通常来说，长文案的篇幅很长，文案写手需要有条理地将长文案断句分段，将一个整体分割成若干相对独立的信息板块或段落。避免用户在长篇大论中难以提取自己需要的信息。

这种在段落之间留出空隙的方式，与摄影师用留白的方式体现焦点是一个道理。文案写手可以用这个方式来强调需要重点关注的地方，不仅如此，空白行能够用一种优美柔和的框架来组织信息，让读者能够更好地沉浸其中。

然后，在不同的板块或段落之间，运用不同的小标题进行串联，这样对阅读率会有明显提升。这些小标题会让那些懒得阅读全文的人以最快的速度得到自己想要的信息。比如大众点评网的长文案"我们之间就一个字"，就是利用小标题的形式，有效激起了读者对内容的好奇心。

2. 针对短文案

短文案没有篇幅的困扰，可以根据已有的基本思考架构，让我们的思绪通畅，不再枯等灵感。像彼得·艾滕贝格的"如果我不在咖啡馆，就是在往咖啡馆的路上"一句，就曾被许多人"套路"，比如"我不是在写作，就是在往酒馆的路上"，"我不是在旅行，就是在旅行的路上"，等等。

在套用"模型"的过程中，我们需要明确使用什么样的观点或什么角度的问题。放开思维，不拘泥于已有，不自我设限，就能看见新角度。

哲学大师休谟说："存在即知觉。"一句话不仅掌握了核心概念，省去多余形容词，还让自己的句子更有力。所以，只有不断精练的句子，才能成为令人眼前一亮的文案。除此之外，我们可以多用肯定句。比如，培根说："知识就是力量。"这种坚定的语气让他更有说服力。穆勒说："做一个不满足的人，好过做一只满足的猪。"强烈的对比，让人看一眼就忘不了。

　　不论是写长文案还是短文案，都只是用来吸引用户的工具，文案写手应当从用户的角度出发，才是创作文案的正确打开方式。

图像是另一种广告语言

经典案例回放：

　　陌陌的经典广告语是："世间所有的内向，都是聊错了对象。"这句广告语配上设计巧妙、精美的图片，生动形象地将陌陌的产品优势传递给了用户。如图8-8所示：

图8-8

案例分析：

　　人们对图像的注意、辨别和理解与文字相比更有效，而且图像还可以对人们的感染力和视觉冲击力产生刺激。所以，使用图片来创作文案，不仅能够传递产品的信息、创意和品牌的形象，而且无论图片风格是色彩鲜艳还是清新淡雅，都能在第一时间抓住用户的眼球。

　　用图片的形式来表达文案并不难，但是要想在众多图片文案中脱颖而出并不简单。这就要求文案写手在用图片创作文案时，一定要让文案具有视觉冲击力。这就需要文案写手能够正确地找到用户的痛点，然后进行文案创作。

　　只有找到用户的痛点，再进行构图设计，才能在第一时间抓住用户的眼球。具有好奇心和猎奇欲望，是人们天生的本能。他们总会对不同于一般事物和符合自身心意的事情给予更多的了解和关注。文案写手可以通过各种技巧去增强广告设计的效果，比如说，在文案创作时，敢于打破常规、适度创新，让文案产生一种内在的吸引力。

与文案写手分享：

　　文字，对于文案写手而言是手到擒来的事情，但图文结合不是强项。文案写手可以多学一些排版技巧，通过图片的配置来提高自己的能力。同时，在设计图片文案时，还可以参考下面几条建议。

1. 根据目标用户特征设计广告方案

一般情况下，广告设计方案能否成功很大程度上归结于目标用户的关注和认可。这也是判断广告文案视觉冲击力大小的关键。

比如，在一款针对老年人用品的文案设计中，我们就要考虑到老年人群的视力、审美等方面的具体特征。而在针对儿童群体的文案设计中，我们就需要注意孩子的心理特征。通过这种对目标人群特征的把握与运用，才能最大可能地设计出迎合目标用户特征的广告文案，其广告设计才能更具视觉冲击力。

2. 根据具体目标设计适合的广告方案

每个广告的文案设计都是针对具体的产品或相关的项目进行的，这就表示我们在这个过程中必须考虑产品或项目的相关特性和目标，并对其进行具体分析，然后才能设计出具有视觉冲击力的广告文案。比如，某产品的质量是它的最大亮点，那么视觉冲击力的建立，就应该从如何让该产品质量上的优点更突出、更能吸引人、更具视觉冲击力上展开分析与设计。像这种通过具体产品具体分析、具体项目、具体构架的思路展开的设计方案，才有可能成为吸引目标用户的广告方案，使其更具视觉冲击力和震撼力，从而达到广告文案的宣传目的。

3. 关注基本的构图法则

基本的构图法则有三分法、黄金交叉点、三角形构图等，而在这些规则之外，还可以运用几何造型所构成的稳定感，对比创作所形成的相互抗衡或呼应，延伸所带有的透视意味，等等。具体如下：

（1）几何造型式的构图法则

几何图形一直是稳定与均衡构图的好方法。

（2）对比式构图

对比式构图能够营造出影像的动感和气氛。一般情况下，只要两件事物的外观、颜色、质感等方面具有分庭抗礼的形式，就可以运用对比的方式来进行构图。

（3）用透视法创造延伸感

透视法是西方古典绘画中一种备受重视的构图基础，因为在任何题材的布局中，我们都需要先考虑消失点的位置，才能进一步安排线条与色彩，从而在二维平面上创造出以假乱真的三维空间感，让整个构图产生自然延生的感觉。

比如"垂直出血"的方式，就是让构图的主体"掐头去尾"，以形成上下延伸的感觉，让画面的上下两端因裁切而形成延伸感，让读者对主体的高度产生想象。另外，垂直出血还可以和其他构图技巧混搭，营造出不一样的视觉感受。

图片的文案设计或许略有艰难，并不是一朝一夕就能练成的。除了上述图片文案的创作方法，文案写手还可以多看一些以往经典的案例，从中学到更多。当然，也要注意文字的编写，文字与图片相辅相成，才能构成一篇好的文案。

视听结合，让广告更有意境

经典案例回放：

> 新百伦的广告文案《致未来的我》，在广告中，
> 以 papi 酱之口，说出了文案的内容：
>
> 其实，我不总是个搞笑的人。
>
> 我是 12 年前因为读书来的北京，
>
> 并没有特别惨的遭遇值得在这儿说，
>
> 我心里隐约知道自己能干点事。
>
> ……
>
> 生活就是寻找自己的过程，
>
> 在不知道要去哪里，不知道还有多远时，
>
> 只管跑就是了。
>
> 未来是什么样，交给未来的自己回答，
>
> 我们都不用为了天亮去跑，
>
> 跑下去，天自己会亮。
>
>
> 动静结合，将广告的动人之处缓缓地呈现在观众们面前。

案例分析：

《致未来的我》这则文案，采取了视频的广告形式，以网络红人 papi 酱的心路历程为主线，讲述了她在北京奋斗的 12 年，从茫然没有目标，一直坚持做自己感兴趣的各种事情，了解各种新颖的知识等心路历程，不断地积累，最终取得了丰厚的回报。而这，正是新百伦推出的这款跑鞋的主题，也是当下许多年轻人所面临的急需改变的状态。

正是因为精准地把握了用户的痛点，视听结合带来的巨大冲击，使视频获得了大量的点击和分享。随着网络科技的发展，广告有了越来越多的方式去展现。因此，文案写手又可以学习一种全新的文案表达方式，即动态的、具有三维立体感、逼真视听效果的语言和全新的蒙太奇思维。它独特的表现元素就是视听语言，而视频类广告文案正好是"视觉"和"听觉"相辅相成的艺术形式。而且，利用这种方式可以更直观地向观众传递品牌的特性，可以从爱情、友情等多种角度出发，表达的方式也更加灵活。

与文案写手分享：

视听结合的广告文案主要表现在画面、声音、色彩等方面的维度。经过几次技术革命，现在的视听艺术正处于蓬勃发展中，变得更加数字化、小型化、家庭化，从而渗透或覆盖了整个社会生活和文化中，广泛而深刻地影响人们的生活、语言、思维逻辑等。

1. "视觉"艺术

"视觉"艺术主要包括摄像（构图、景别、角度、运动）和光线、色彩。具体如下：

（1）摄像

构图的基本形式大致有四种，即"横长形构图"，比如拍摄草原、海洋、大地等；"S形构图"，比如爱森斯坦的影片《战舰波将金号》中的游行队伍；"三角形构图"，比如广告画面中叠放的酒杯；"布满式构图"，比如蔬菜市场中的水果、粮食、禽蛋等。无论我们选择哪种构图，都要考虑将受众者引向画面中的趣味中心。因此，我们要学会将完美的构图形式与剧情表达有效地结合起来，让构图为剧情表达服务；景别是表现主体大小的形式，主要包括远景、全景、中景、近景和特写；拍摄角度是达到不同画面造型效果的手段之一，能够为视觉效果营造一定的环境氛围；运动摄像则是最重要的画面造型手段，可以通过摄像机的推、拉、摇、移、跟五种基本运动方式，创造出节奏、风格、意蕴等审美方面的重要手段。

（2）光线

在广告视频的视觉画面中，光线的表达能够让我们从生理上的视觉，直观地转入形象思维的心理感应。比如在影片《菊豆》中，一开始对染坊的拍摄就运用了逆光、顶光相互交织的方式，表达出一种扑朔迷离、热气腾腾、生机无限的感觉。

（3）色彩

在广告视频中，色彩的运用不仅是一种语言和思想，还能表达文案的情感和节奏感。比如在可口可乐的广告中，大多会采用蓝色基调，带给人一种青春、动感、鲜活的感受。

2."听觉"艺术

"听觉"艺术主要包括人声、音响和音乐。具体如下：

（1）人声

人声视频广告中人物交流的主要手段，包括台词、抽泣、咳嗽、笑声等声音。而好的广告视频都会有一些经典的对白或台词，比如在"益达口香糖"的广告视频中的对白文案：

A："嘿，你的益达。"

B："是你的益达。"

就给人们传达出一种甜甜的恋爱感觉，也让产品"关爱牙齿更关心你"的主题更加深刻。

（2）音响

音响是指通过音乐、声响的形式，刺激受众的听觉、渲染气氛，烘托广告主题的辅助工具，对广告的真实感和感染力具有加强的作用。在广告中，由于音响在传递信息或唤起情感方面都远不如画面、广告词等，所以经常会被忽略。

事实上，如果我们能准确恰当地运用音响，对于广告效果的作用是非常大的。一旦广告音响运用不当，则会影响整个广告的美感和完整性，甚至会干扰或分散观众对广告信息的注意力，从而使整个广告作品缺乏该有的生机和活力。

（3）音乐

音乐因为自身极强的表现能力，在产品广告中的实际意义并不明显，但它可以配合其他一切艺术形式存在而不喧宾夺主，同时能带去更好的表现效果。许多视频广告的成功，都是因为它打了"音乐牌"，比如，给奢侈品配上高贵的爵士乐，可以反映它的地位，或者给舒适的产品配上舒缓的古典乐，将更显产品的温暖。

换言之，广告文案的创作是将产品缓缓展现在观众面前的手段之一。如果文案写手想要创造优秀的视频广告作品，就需要在每个画面、每段声音、每个文字上精雕细琢，才能带给观众一段视听盛宴。

让用户秒懂的界面文案

经典案例回放：

　　微文案是生活中常见的一种文案，以短小精悍为主，简单的几句话或者以图文结合的方式，就能让用户瞬间理解其中的含义。如 Flickr（雅虎网络相册）的错误文案，如图 8-9 所示：

图 8-9

案例分析：

Flickr 的微文案的设计非常简洁，一个女孩费力拉着一只纹丝不动的熊猫，让用户产生停顿或卡顿的联想，文案中的几句话便印证了用户在视觉上的直观感受。虽然只是寥寥几行字，但用词直入人心，让人印象深刻，再配以温暖的阳光、童真的小女孩，即使网站崩溃，看着如此可爱、温馨的图片，也不会再去计较。

界面文案就是引导用户能够更好地参与交互体验的那些微文案。它的应用十分广泛，并不局限于一些网站上。微文案也包括一些按钮标签、提示错误信息文案等具有提示性的文字。比如，在路上我们遇到的"禁止通行"的警示牌，看到的各种广告牌、店家的招牌，都属于微文案。

研究表明，大多数用户不会仔细阅读页面上的提示，包括手机上的应用、游戏的交互界面。他们只会简单地浏览并理解部分一目了然的信息。所以，文案应该使用日常用词，平铺直叙，降低用户的理解负担。间接、隐喻模糊的表达，生僻和过于文雅的词，都尽量避免使用。对于界面文案来说，传递信息是它唯一的任务。

界面文案的风格要尽量与整体的风格一致，契合度越高，用户的阅读和使用就越流畅。所以，尽量摒弃个人的写作风格，与整体融合在一起。

界面文案的创作只要运用得当，对转化率有着明显提升。比如，微信的界面向下滑的时候，会出现一个小程序列表，这个列表的一句经典文案就是："这不是入口。"简单明了，让人在看到的时候，忍不住点进去。这就是微文案的魅力。

与文案写手分享：

界面文案的关键点在于短小精悍，没有人是天生的文案写手，这需要不断地去练习积累。以下方法可以让你的文案变得更易于阅读。

1. 化繁为简

文案写手在创作界面文案时，尽量多次进行斟酌删减，留下的都是精辟的文字，是能够让用户在十秒钟读完并理解产品的信息。

2. 慎用感叹号

写文案时，运用感叹号，在很多时候能够起到警告、夸张、肯定等作用。但是如果应用到微文案中，会让用户认为这条文案是带有情绪的。比如在聊天中用感叹号，很容易让气氛变得紧张。如果运用不好，就容易用力过猛，所以文案写手当慎用。

3. 善用数字

人们对于数字往往具有很高的敏感度，如果在微文案中用了数字来代替文字描述，往往更能够让用户明白。比如说："你有三条短信未读"和"你有3条短信未读",意思一样,明显后者更清晰明确。

4. 不要全部大写

在很多文案中避免不了英文字母的出现,对于用户来说,全部大写的文案,不但给人一种冷冰冰之感,而且很难阅读。所以,如果是需要英文的文案,文案写手一定要避免全部大写。这样才能让文案具有更高的辨识度,使得用户的体验好感度大大增加。比如说"I LIKE EATING APPLES"和"I like eating apples"对比,就能看出来。

5. 人称的运用

人称包括"我、你、他,我们、你们、他们"。不同的微文案场景需要不同的人称,比如,当你想要增加用户的代入感时,用"我、我们"这两个人称明显比其他的效果要好,这代表文案写手和用户是同一方的。如果你想要直接与用户对话,使用"你、你们"这两个第二人称,更能拉近产品与用户的距离。

微文案并不少见,相反,它在生活中被广泛应用。微文案相对于文案来说,往往能够起到画龙点睛的作用。文案写手可以多练习以上方法,在使用时方能得心应手。

第九章

选对发布媒介和时间

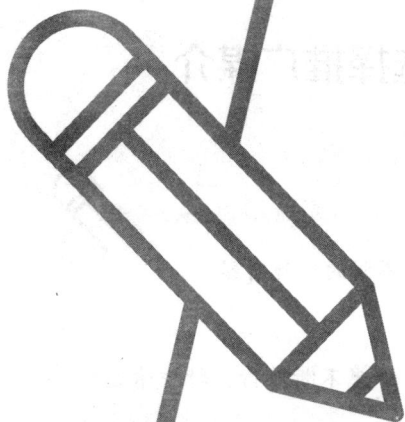

根据产品特点选择推广媒介

经典案例回放：

> 不同的推广媒介，特步选择了不同的广告内容。
>
> 平面广告文案内容：
>
> "为了梦想不断超越，追逐着梦想不断前行，特步永远伴随你的脚步，给你注入最新鲜的活力，特步——永不止步！"
>
> 广播广告文案内容：
>
> A："最近怎么看你跑步越跑越精神了？半天都不带喘气。"
>
> B："嘿嘿！你就不知道了吧，这是个秘密。"（小声说）
>
> A："那你快点告诉我，你看我这都快跟不上你的节奏了。"
>
> B："那你可得请我吃饭哦！"
>
> A："一定一定。"（迫不及待）
>
> B："那是因我穿了特步运动鞋。"
>
> A："啊！有这么好的效果，我也要去买一双。"
>
> 旁白："非一般的感觉，让运动与众不同，爱跑步爱特步！"

电视广告文案内容：

清晨，一个帅气的年轻人在公园里跑步，有很多同在晨练的人都看着他。一会儿，又有三三两两的人加入了青年的行列，跟着他一起跑。

年轻人奔跑的脚步穿越了更多的晨练地点，有更多的人加入了跑步行列，男女老少都有。之后，所有从旁边经过的人都受到他们的感染，加入了跑步队伍。

最后，年轻人站立镜头前双手环抱胸前说："让运动与众不同，爱跑步爱特步！""特步"标志出现。

案例分析：

"特步"作为大型体育用品企业，在品牌推广上花了很多心思，借助多方媒介将品牌的独特文化推向了世界。

推广媒介是一种将产品信息传递给消费者的渠道，用以激发消费者的购买欲望，进而促使完成最终的购买行为。如果失去传播媒介，广告就失去了与消费者沟通的桥梁，广告的作用也就无从谈起了。

不同媒介本身并没有优劣之分，只有针对某类品牌和产品的广告宣传时，存在合适与不适的区别。每种媒介都有自身的优势与短板，这是无法避免的。下面我们具体来看不同传播媒介的优劣：

网络传播媒介：网络传播媒介使消费者可以主动参加到网络活动中来，减少了信息传递和反馈的顾虑，互动性强；网络是最丰富的媒介应用，最宽阔的信息平台，最广大的发布载体，信息密集型强；网络媒介既有印刷媒介的可保存性和可查阅性，又有电子媒介的新鲜性和及时性，形式多元化；相较于其他媒介，方便快捷。

但对网络传播媒介而言，信息量大，消费者不容易甄别，不确定的信息多。而且对虚假信息和不利信息的处理非常棘手。

户外广告传播媒介：户外广告形象突出，容易吸引行人的注意力，利于消费者记忆，在不经意间给消费者视觉刺激，不具有强迫性，信息容易被认知和接受。而且户外广告发布的期限较长，能够对区域性造成印象积累。

但户外广告传播媒介受场地的限制，且内容相对比较简单，传达的信息量有限，促销作用差。

电视传播媒介：电视广告视听结合，形象生动，拥有较强的感染力；通俗易懂，覆盖范围和受众面广；播出方式多种多样，随意性强，广告播出的效率高；连续播放，强化效果，比如恒源祥的电视广告。

但电视广告受收视环境的影响较大，不容易把握传播效果。在短瞬间完成的信息传达不容易记忆，不利于深入理解广告信息。而且消费者被动、强制性地接受，容易产生厌烦情绪。

　　杂志传播媒介：每种杂志都有特定的读者群，广告可以对症下药，取得最佳效果。杂志的信息覆盖和更替周期长，对问题的分析与调查更多深刻、详细，信息量更大，同时装帧精致，有较高的阅读重复率，容易获得消费者心理上的认同。

　　但杂志广告出版周期太长，导致其缺乏灵活性和时效性，且对读者的文化水平和理解能力要求较高，使阅读范围具有局限性。单一的文字与图片使杂志广告的感染力较差。

　　每一种广告推广媒介都有它的优点，同样也会有自身的不足。我们需要充分运用各种媒介的优势，根据产品的特性选择相应的传播媒介。

与文案写手分享：

　　在不同的互联网环境下，每个人所做出的反应是不一样的。所以，我们需要根据产品的特点来选择适合产品投放的媒介：

1. 网络传播媒介

　　网络传播媒介传播方式比较多，像微博、论坛、微信等，都能让我们想要推广的文案信息迅速传播出去。这种半社交类传播媒介的重心在美食、娱乐、旅游、个人美照等方面。所以，网络传播媒介侧重于食品、服装等衣食住行方面的产品。

2. 户外广告传播媒介

　　户外广告传播媒介是一种特殊的广告媒介。常见的户外广告有企业 LED 户外广告灯箱，高速路上的路边广告牌、霓虹灯广告牌，LED 看板及安装在窗户上的多功能画篷等，甚至有升空气球、飞艇等先进的户外广告形式。

公共交通广告适合互联网产品、智能产品、家电、时装、化妆品、教育等，公路广告适合高端酒类广告、长途通信网络、家具、大型家电、售房类、投资类广告等。

3. 电视传播媒介

基于电视传播媒介严谨性和传统性的优势，产品能够给消费者留下良好的第一印象，提高产品的认可度。所以，电视传播媒体在人们心目中更加高端，因此电视传播媒介适合有打造品牌需求的产品。

4. 杂志传播媒介

杂志传播媒介的规格高，专业性也更强。比如一本专门为某产品设计的杂志，我们就可以从它的图片、文字等各方面做到专业周全详细，以求完整地表现一个品牌的文化价值和品牌内涵。杂志传播媒介适合奢侈品或顶级品牌的产品，例如服装品牌阿玛尼、LV 等更热衷于在杂志上做广告。

对于广告传播而言，没有最好，只有选择与产品特点相符合的传播媒介，才能取得更好的传播效果。

借势热门事件的文案要抢占先机

经典文案回放:

2016 年,当莱昂纳多荣获奥斯卡男主角奖后,文案写手们都开始拼命赶制出各种与他相关的文案。比如优步马上用优步地图的方式推出"李曾是少年""李最珍贵"等文案。WeMedia 则是发布了一张创意图片,如图 9-1 所示:

图 9-1

此外,还有国美在线的"小李得奖,老李发券"的优惠券活动。红牛更是直接放了两颗李子,告诉人们"小李子牛了"。不得不说，那些文案真的很不容易，就奥斯卡这件事儿，莱昂纳多当属最大的爆点，然后我们就能看到各种图片、文案等都是跟他有关。光一个"李"字就已经想出花儿来，像什么"李曾是少年""李最珍贵""有李更精彩""李所 ying 当""终于等到李"……

案例分析：

热点营销，其实本质上是一种"借势营销"，是指企业及时地抓住广受关注的社会新闻、事件以及人物的明星效应等，再结合企业或产品，在传播上达到一定高度而展开的一系列相关活动。从营销的角度而言，这是一种借助外部活跃因素搭建良好营销环境，以达到我们所需推广目的的营销方式。

关于"借势"的能力，我们要先从陈列说起。比如商店里的巧克力原本是放在糖果类产品的货架上，鲜花则会放在生鲜区的旁边以利用其湿度。这两种产品在平时根本不会有见面机会。但到了情人节，巧克力和鲜花就会变成最强搭配，如果把这两种商品陈列在一起，让消费者顺势购买，就可以达到提高销售额的目的。这就是一种借势节日的方式。

还有利用消费者购买行为特殊性的借势营销案例，比如沃尔玛将尿不湿和啤酒陈列在一起。两者虽毫无关联，但经过相关人士的调查和分析发现，很多年轻的爸爸都会被妻子打发出来给孩子买尿不湿，而他们都有喝啤酒的习惯，所以每次都会顺便买些啤酒回家。

蒙牛在刚诞生时，由于自身没有名气，所以它就借势伊利，事事跟在伊利后面。多年后的今天，它成为和伊利并驾齐驱的品牌。

由此我们能够充分意识到：借势，很可能就是企业或产品突然大卖的契机。一个事件成了热点之后，就会有成千上万的人来关注。一般这种时候，只要我们的文章写得有足够吸引力，很容易就能获得大量的转载量。

与文案写手分享：

那么，如何写出能够获得大量转载的借势文案呢？

1. 巧妙借势

关于如何借势的问题，著名营销策划人叶茂中老师说："学会傍和蹭。"简单来说，就是要学会抱最粗、最美的大腿，蹭出火花，然后奋力往上爬。而这，也就意味着现在的企业、品牌、产品，需要的不再是一个只会坐着写文案的人，而是一个能够通过与"势"争夺话语权并能成功上位的人。

以热门节日为例，都说圣诞节、元旦、情人节……都是电商促销节，其实不仅如此。就拿"世界读书日"这样的活动来说，像这种"高大上"的节日一般都要与书有关吧，比如当当、京东图书、出版社……结果杜蕾斯又冒出来了，表示"用书说事，事事皆要套"。

但是，任何产品都要根据自身的特性与品牌，找到合适的借势点。基于消费人群，用户痛点的不同，我们首先应该判断热门事件是否能够与产品产生联系，切勿生搬硬套，强行借势。

2. 把握时机

在热门事件爆发后两个小时内，用户依然能够保持对此事件的热情。但超过时间节点，传播的信息都是大同小异，此时，用户的热情也将消耗殆尽。所以，借势营销一定要把握好时机。我们需要在可预见的热点事件曝光之前做好准备，在事情引爆的一瞬间，抛出自己的创意。针对热门事情，一定要抢占先机，以快取胜。

3. 权衡利弊

虽然有些热门事件和自己的产品相关性很强，但它未必值得我们去借势。比如社会上的一些风气不正、品行恶劣的事件。当热门事件触及道德底线时，我们就需要权衡借势的利弊。我们一切的借势行为都要建立在维护自身品牌形象的基础上，所以，有些热点事件不值得我们去深度挖掘。

主流新媒体平台文案的创作要领

经典案例回放：

某航天中心的指挥塔内，年轻人马克正聚精会神地注视着前面的显示屏。忽然，显示屏上同时出现了两个移动的目标，它们越飞越近，甚至有迎头相撞的危险。心急如焚的马克紧紧盯着显示屏，手忙脚乱地在键盘上操作着。但是，飞行物仍然像设定了程序一般，依然越飞越近。

惨剧发生，整座指挥塔被撞击的火光映红了。就在惨剧发生的那一刻，马克像变了个人一样，他兴奋地紧握自己的双拳，一阵难以抑制的狂喜从脸上掠过。这时，画面上出现字幕："马克，曾任电子游戏编程员"。

广告语："你可以换老板，但千万别换专业。"

——求职网站广告

案例分析：

新媒体改变了传统媒体单一的信息发布模式，可以将完整的个性化信息同时送达几乎所有人。同时，又避免了传统媒体的缺点，当传播者向每一个接受者交流独特信息时，不再受每次只能针对一人的限制。

同时，新媒体文案相较于传统文案也有着得天独厚的优势。

1. 发布成本低

传统媒体的广告发布成本过高，在新媒体热潮到来之后，新媒体文案与之相比，发布成本要少很多。最新数据显示，新媒体的增长数越来越高，传统媒体已经开始出现负增长的情况。

2. 传播渠道和形式多样化

新媒体文案的传播渠道并不局限于微信、微博等平台，很多企业会根据渠道的不同，将同一种信息编撰成各种各样的文案进行发布，以达到占据多渠道的目的。

新媒体文案除了单纯的文字，还有图文、视频、游戏等形式，让广告形式实现了多元化。

3. 互动性强

与传统媒体相比，消费者可通过微信、微博等平台直接与企业进行沟通，从而达到品牌传播或销售的目的。

随着生活节奏逐渐加快，大量年轻群体已经不满足于通过电视等传统媒体来解决自己的娱乐需求，他们将更多的注意力放在了电脑、手机等数字化产品上。

比如，网上购物、网上聊天、网上阅读等行为已经不再是一种时尚，而是成为我们生活中不可或缺的一部分；写日记、写信、交友等生活方式也被写长微博、发邮件、微信聊天等逐步取代；新闻、阅读、影视等只需要一部手机就能全部实现。所以，新媒体顺理成章地成了主流的媒体平台。

与文案写手分享：

在互联网时代的影响下，很多用户都不愿去思索深层次的东西。所以，对于文案写手来说，能够让潜在客户在第一时间了解文案表达的内容是重中之重。那么，我们要怎么在新媒体平台上写出这样的文案呢？

1. 把受众进行分类

文案写手都清楚，不同行业、不同身份的人需求也是不同的。所以，我们需要先明确文案的受众是什么样的身份。一般情况下，我们可以根据年龄划分，将主要的受众分为三类人群：18 ～ 22 岁、23 ～ 27 岁、28 ～ 33 岁。

比如：18 ～ 22 岁的人以学生居多，所以对产品的要求以学习和娱乐为主，购买因素定位在好看或适用，使用场景一般为教室或宿舍；23 ～ 27 岁的人大多是职场中的年轻人，对产品的要求多为社交、工作和娱乐，性价比和易携带是影响购买行为的主要因素，使用场景一般在办公室或住所；28~33岁的人大多为商务人士，生活被工作和育儿占据，易携带、有格调的产品可能会成为他们的首选，使用场景以办公室、家庭住所、咖啡厅等地为主。

这种基于人们年龄而导致购买目的、使用场景不同的情况，我们可以填充一个有效的用户群属性。当面对不同受众用户时，我们所创作的文案内容的结构、侧重点和语言措辞也要不同。

2.学会"长拆短"和"偏激"式写作方法

"长拆短"的写作规则是：第一行永远是主题；一段话尽量不出现两行、三行的情况，最好能在19个字符内解决问题；要有故事；内容包含主人公。比如下面这个文案：

有人问我狗喝醉了怎么办？

事情是这样的

他家有一只大黄狗

误把白酒当水喝

现在晕乎

……

这种文案的写作技巧，就是一句一段。究其原因，其实是为了适应用户在手机这种移动设备上的阅读习惯。而这，就是所谓的"长拆短"。

想让别人记住我们的文案，中庸之道不可取，只有那种偏激、深刻的文案才会让人印象深刻。因为这样的观点具有煽动性，它所表达的强烈情绪才会影响别人。

3. 根据不同平台编写内容

不同的平台决定了文案的形式、阅读习惯和传播机制。比如，微博是一个开放式的平台，我们就可以做一些转发@、抽奖送等方面的活动，但微信就不可以。所以，同样的活动并不一定适合所有的平台。

这里有一个比较"笨"的方法，文案写手可以每天到微博、头条等我们想投放的一些平台和网站上，去寻找能够吸引我们的标题，保存后再思考这些标题是如何打动我们的。虽然这会很麻烦，但长期坚持下来后，就可以发现，这比看一些"逆向思维理论"等方法要实用得多。

做好这两步后，我们还要根据投放测试效果进行反馈和修改，从而找到转化最高的文案版本。

总之，新媒体平台的创作与传统媒体不同，并不需要我们保持所谓中立的观点。在这些平台上，我们可以相对自由地发表独立的观点，也可以有自己的个性。很多关注我们的用户就是被我们独特的个性所吸引的，也更容易产生情感的共鸣。

微信文案的发布时间规律

经典案例回放：

> 杜蕾斯微信公众号推出过这样一个微信活动：
> "杜杜在后台随机抽取十个幸运儿，每个人将收到一个新的魔法套装。今晚十点之前还会送出十份魔法装！假如你是杜杜的老朋友，请答复'我要福利'，杜杜将会继续选出十位幸运儿，敬请期待明天的中奖名单！悄悄地告诉你，如果世界末日没有到来，在圣诞节和新年附近会有更多的礼物等着你。"
>
> "杜杜活动"，仅仅两个小时，收到了成千上万的"我要福利"，十盒装换来成千上万的粉丝，怎么算都很划算。毕竟，免费的福利很多人都会忍不住看两眼。

案例分析：

关于微信文案的推送时间现在是众说纷纭，总结一下，大致分为四个时间段。早上8点，是人们吃早餐准备上班的时间；中午12点，是人们吃午餐休息的时间；下午6点，是人们下班回家的时间；晚上9点，是人们休息的时间。人们刷朋友圈的时间大概就是在这四个时间段，《人工智能》这篇文章就是抓住了人们浏览朋友圈的高峰期，才会在当天上午就达到了转发的高峰。

很多文案写手将自己的微信文案获得点赞或评论少的原因归结为，自己所编辑的文案吸引力不够。但是，他们在提升自己文案质量之后，这个问题还是没有得到解决。事实上，微信文案的点击率和转发量虽然与文案的质量有关，但并不是全部因素。

因为，文案的发布是否具有时间规律也是影响点击与转发的一大因素。专业人士的研究发现，只要我们能掌握好文案发布的时间规律，并加以利用，就能获得微信文案推广的天时、地利。

与文案写手分享：

1.微信文案的最佳发布时间

根据分析，一天中有两个最热门的微信文案分享时段，即上午 10 点至 12 点以及晚上 8 点至 10 点，每天文案反馈率最高的分享时间一般是中午 12 点至 14 点。

上午之所以能够出现分享高峰，是因为人们在完成上午的工作后，在吃饭之前会忙里偷闲，上网浏览一下自己感兴趣的内容，然后对其进行"点赞"或者分享。同时，这个时间段也能让文案写手在饭后直接查看到别人分享的信息，并给予相应的反馈。

晚上的分享高峰时段则发生在人们下班回家、吃晚饭、睡前的空闲里。这时，人们大多会选择上网来打发时间。

2.如何找到属于我们最佳的发布时间

要想找到最佳的发布时间，首先要思考粉丝用户的性别、年龄、职业、内容取向等方向，然后尝试假设用户的阅读习惯来设定测试阶段。我们以媒体平台型和企业型文案的发布时间为例。

媒体平台最重要的就是实时更新，为了避免与用户的正常生活节奏相冲突，我们就不能只为了追求消息的及时而影响用户的体验。所以，我们要确定一个固定的时间段对文案内容进行推送。

一般情况下，人们都更愿意在上班前或下班后浏览一些媒体消息。比如网易新闻、搜狐新闻、腾讯新闻等媒体平台，都是在早上或者晚上更新内容。由此，我们可以推断出媒体平台型的微信文案最佳发布时间是早上6点到8点30分，或17点30分到18点30分这段时间。因为这段时间大家都在上班或下班回家的路上，可以利用乘坐地铁、公交车这段无聊的时间进行阅读。

企业型公众号的文案内容要根据目标用户的碎片化时间来推送内容，一般最好的推送时间是中午12点到13点30分。因为这个时间段是用户用餐的时间，很多用户都会利用这段碎片时间来浏览品牌产品，所以这个时间段很适合企业做一些产品促销活动。

另外就是17点30分到18点30分这个时间段，因为很多用户会在下班以后阅读公众号推送的内容。像这种企业型公众号的文案发送，一般一个星期只需推送两到三次即可，过多会让用户感到疲乏和厌倦，而文案的内容也要尽量是高质量的原创，要少而精，避免骚扰用户。

最后我们要注意一点：文案推送时间确实是一个影响阅读转化的维度，但并不是什么能够决定成败的至关重要点。所以，我们的微信文案还是要以提供有吸引力的标题，以及创造言之有物的内容价值为主。

线上文案与线下活动的配合发布方法

经典案例回放：

2017 年 9 月，大众汽车推出全新的 Arteon 车型，并特意找来盲人摄影师皮特·埃卡特负责广告拍摄工作。

皮特·埃克特并不是一开始就看不见，但他失明后，一直没有放弃摄影这条路。他利用自己的其他感官，如声音、触摸、记忆等在头脑中建立影像，并用长时间的曝光和色彩光线来创造独特的效果。他说："我是拥有视觉的人，只是看不到而已。"因此，在不同的闪光灯和调色板的帮助下，他开发了独特的视觉语言。

比如这次 Arteon 的作品，他就是在一开始慢慢接近车子，逐渐追踪从外部到内部的每一处线条，直到在脑海中产生完整的 Arteon 形象。而在最后的摄影作品中，他也完美地呈现出汽车的速度和美感。

——大众 Arteon 宣传广告

案例分析：

线上文案可以使消费者对产品留下印象，产生好感，进而带来潜在购买的可能性。同时也可以促使消费者提交购买意向，激发消费者实际线下的购买行为。线上文案对扩大产品的知名度和品牌影响力有着重要作用。

而线下活动能够让消费者从线上传播转化为实际购买行为，同时获得更直观的体验。线下活动能够与消费者面对面接触，沟通与互动更加充分，也可以使用路演等方式创造更热烈的气氛。

广州的一家叫开心欧巴的蛋糕店，曾经在开业期间借助微信平台策划过一次活动，只要扫码关注就能获得产品。结果在一周内吸引了近万粉丝，这就是一个很好的线上线下结合做活动的案例。

一般情况下，产品初期的推广侧重点，都在网站引流和品牌形象的塑造上面，比如提高产品的网站访问量和注册量等。因为用户要想直接了解产品的服务内容以及相关要求，通过网站是最直接有效的方式，上面会有产品最新、最全面的信息。有些产品网站上还有在线客服等服务，能够让用户最全面、便捷、直观地了解自己想要了解的信息。

其中，如何让用户知道我们的网站并进入我们的网站，就是文案写手在产品的前期推广中需要做的。除此之外，线下活动能够帮助用户对产品的品牌产生进一步的信赖感，使用户对我们产品的安全性、可操作性等方面有充分的了解。

与文案写手分享：

随着互联网时代的到来，很多品牌都致力于策划一场线上线下相结合的活动，最终形成合力闭环。那我们该如何做好线上与线下结合的营销活动呢？

第一步，在活动启动之前设计好活动策划的方案，方案内容包括主题、时间、推广方式和推广效果的估计。基于活动目的确立一个简单的活动主题，以利益诱惑驱动用户参与活动。活动整体确立之后，利用思维导图为用户制作一个参与流程图，方便用户参与。根据活动的推广渠道，预计相对保守的推广效果，对活动策划、活动风险及应对措施有一个完善的考虑。

第二步，线上信息通过各种平台实现信息的转发与分享，使线下的推广活动得到更多人的关注，从而实现线上推广与线下活动相结合。

第三步，利用实体店或地推将二维码推广出去，将线下的活动通过二维码推广到线上。比如服装行业、餐饮行业，用户在进店了解活动时，引导关注二维码，通过转发让更多人得到活动的信息。

在活动策划的过程中，我们需要注意以下几点：

活动时间不宜过长，长时间的活动容易引起用户疲劳，可以结合线上推广平台的互动情况把握活动时间。

线上平台可以选择当下火爆的抖音、微博、微信等平台。平台的选择决定了活动的形式和最终效果，所以要结合活动目的和平台特点去选择。比如，一本书籍的文案可以在相关的微博账号上做推广，在相关的豆瓣小组、百度贴吧里发帖子等。

地推等线下推广要找好针对客户的活动地点。比如服装类可以在商场进行，老年保健品可以在公园、超市、活动中心附近做推广。也可以考虑找相关协会、公益组织、具有规模的兴趣社团或活动组织方。如果没有细化针对客户或客户相对分散，可以到人气高的地方做活动，比如上下班的办公区、社区、商场门口等。

一个良好的企业形象不仅能有效提高品牌的辨识度，还需要强有力的用户支撑。在这个过程中，只有线上文案和线下活动相配合，才能达到社会效益与经济效益的有效实现。

第十章

引导马上下单的黄金法则

为什么你的文案很感人，用户却迟迟不肯下单

经典案例回放：

某理财广告如图 10-1 所示：

图 10-1

案例分析：

案例中的文案虽然也很走心，但这种理财类的产品往往存在着风险，很多问题都要经过理性的思考。这类的文

案虽然能够感动用户，用户却不会因为感动而盲目下单。很多文案写手都会走进这样一个误区：对文案而言，只要能够引起消费的情绪共鸣，只要消费者被感动，他们就会毫不犹豫地下单。

影响用户购买的原因是什么呢？总的来说，用户的购买决策由用户的购买意愿和风险成本组成，而风险成本又分为市场风险和个人风险。如何理解？

比如，你打算买一部手机，此时便产生了购买意愿，当风险成本小于购买意愿时，购买行为就会产生，反之，则会犹豫，终止购买行为。

市场风险是指行业统一出现的问题，就像你购买的手机按键是坏的，其他店铺中的手机也都是坏的。

个人风险是指个别用户在购买时遇到的问题，就像你购买的手机按键是坏的，而店铺中的其他手机没有这种问题。

每一件产品都会具有市场风险和个人风险。那市场风险与个人风险的具体表现是什么？

1. 市场风险

市场风险包括健康功能风险、财务风险、时间风险、社交风险、心理风险。其中健康功能风险是指虽然广告做得很好，但消费者存在产品功能达不到预期或者有损健康的担心。比如，担心保健品吃过之后没有效果，担心小品牌的手机质量不好等。

财务风险是指产品价值与支付金额不符，担心自己买贵了。比如，看到一双自己很喜欢的鞋子，但害怕自己花冤枉钱，就会终止购买行为。其实这种行为不是为了省钱，而是害怕自己吃亏。

时间风险是指消费者担心购买过程花费时间太多，或购买失败后重新选择会浪费大量的时间。比如，网上叫车服务，担心叫不到车而浪费自己的时间。

社交风险是指消费者使用了某款产品，担心遭到别人的误解，或此行为会影响自己的形象。比如，静心口服液产品对助眠很有效，但会给他人一种自己已经产生更年期症状的印象。

心理风险是指购买或使用某件产品的行为不符合自我印象，让用户产生内疚感等心理负担。比如，具有奢侈性的消费品会让人产生浪费钱的感受。

2. 个人风险

个人风险包括产品的特性、服务的质量、优质的场景、合格的卫生条件、很值的价格。其中产品的特性是指产品的差异性，比如店内的特色菜等。

服务的质量是指用户从进店到离开过程中的感受。比如海底捞的全程服务。

优质的场景是指提供的社交内容。比如烧烤店的餐桌和灯光设计，可以有效地烘托聚会气氛。

合格的卫生条件是指具有仪式感。比如巴奴火锅的"七上八下"吃法。

很值的价格是指错位的价格感知。比如满100元赠送价值30元的菜，实际上与打九折无异，但给用户的感受就不一样。

这就是你的文案能够打动用户却不能促使用户产生购买行为的原因。即使将产品的优势和益处统统灌输给消费者，他们也有可能因为感知风险而放弃或推迟购买行为。

与文案写手分享：

当你的文案具有很高的点击量却没有产生太好的销售效果时，你就要考虑自己的文案是否让消费者规避了所有的感知风险。那么，如何激发消费者的购买欲望，从而产生购买行为呢？

1.先让用户关注自己

对于一件产品来说，文案首先要做的往往不是将用户的目光吸引到自己的产品上，而是将他们的注意力转移到自己身上。

当一瓶价值200元的高档洗发水的文案为"一种很牛的洗发水，神一般的滋润效果"时，大多数用户都不会买账。他们习惯了普通的洗发水，直接表明产品的好处，并不能促使他们改变自己的习惯。

如果将文案变成"你用着上千块的香水，但还在使用30元的超市洗发水"，这样就将用户的注意力转移到了自己身上，唤醒痛点。

2.降低现实状况，突出困境

文案写手可以直接将困境展示出来，提升消费者的购买欲望，并使用带有鼓励意味的劝导促使用户产生行动。人类的大脑存在着惰性，面对遇到的大多数问题，不愿花费时间和精力去思考，而更愿意接受他人提供的决策意见。

以红牛为例，红牛是一种功能性饮料，具有提神醒脑的作用。对熬夜的人而言，困乏、疲劳是他们的困境，此时，用户便会渴望解决这一困境。而"困了，累了，喝红牛"正中用户下怀。

3.提升理想状态，提供机会

假如春节机票打折，买二赠一，这则再平常不过的促销广告不会给人留下太大印象。如果使用横向对比法，产生差异感，就会给人不一样的感觉。

"你走过山川湖海，而爸妈从来只是在家等你。春节机票买二赠一，带上爸妈出去看看世界。"前后对比，激发了消费者对父母的愧疚感，描绘出一幅理想的画面，同时给予消费者一个弥补的机会。消费者自然而然会认同文案的逻辑。

在文案中激发消费者需求，是品牌文案的使命，也是刺激消费者产生购买行为的必要条件。

限制身份，吸引下单

经典案例回放：

> DR 钻戒是很多女性都非常喜欢的首饰品牌，在购买时还有诸多限制，但是依然受到人们的追捧。就是因为它的文案——《男士一生仅能定制一枚》。
>
> "在这个浮躁的年代，忠贞的爱情快要成为传说。无论时代如何变化，每个人在内心深处依然渴望一生一世的真爱。DR 求婚钻戒，凝聚最虔诚、最有态度的真爱信仰，希望通过自身力量让真爱变得更加美好，让坚信真爱的人都能找到心灵的归属，并把真爱信仰传播到世界的各个角落。这就是DR 创建的初衷，也是品牌一直以来的追求。"

案例分析：

DR 钻戒品牌自诞生以来，就规定男士必须凭身份证购买，并且一生仅能定制一枚，用来赠予今生唯一挚爱的人，寓意就是"一生唯一真爱"。而它推出的文案也是"男士一生仅能定制一枚"，从一开始就为购买人群限制了身份。

对于男士而言，这种能够承载自己感情又能够让对方明白的东西，自然是献给对方的最好礼物。让自己成为真爱的代言人，也是 DR 钻戒最终想要达成的目的。

同样的营销方法也出现在外国的一家商店，这家店经营的全部都是与儿童相关的产品。因此，商店规定，进店购买的顾客必须都是儿童，如果大人想要进店，则必须由儿童陪同，否则就不允许进入。这种奇怪的、苛刻的规定并没有让这家商店的生意受到影响，反而让其生意更加红火。之后更是有众多的如老人商店、孕妇商店等等效仿其营销手段。

就是因为这种规定很稀奇，颠覆了大众的以往认知，吸引了他们的兴趣，而且也在另一方面突出了受众群体的特权，让其心中产生优越感，进而产生购买行为。这种限制身份的规定，还有一个非常好的优势，就是在潜意识中给用户留下了一种产品非常稀缺的印象。比如 DR 钻戒，一生中只能购买一次，又怎能不珍贵？越是稀有的东西越能够让人们产生兴趣，趋之若鹜。所以，文案写手可以利用人们的这种心理去写文案，能够使文案的转化率大大提高。

与文案写手分享：

在文案中限制身份的目的就是引起用户的兴趣。文案写手在创作文案时，除了可以利用"限制身份"的方式打造产品外，还需要注意以下几个方面，以便写出走心的文案，吸引用户下单。

1. 精确地定位人群

精确地定位产品的受众人群，其实也就是用对的方式向对的人说对的话。而且因为限制身份的文案特性，注定了文案的针对人群最好是单一或者某种特定的人群。如果针对的人群多了，不但文案写手写起来困难，而且也很难写出让所有人都认为是对的话。当然，文案写手在写的时候，不妨先确定产品的受众群体，然后从其中确定某一个群体。比如说，卖儿童产品的就定位七岁的，卖母婴产品的就定位怀孕五个月的孕妇所用的产品，卖钻戒的就如 DR 一般一人只能买一枚……赋予某个特定群体别人没有的特权，就像给他们发了一张 VIP 卡，谁不渴望贵宾的待遇呢？

如果文案写手将产品的受众群体都弄不清楚，那么文案就不会有明确的针对方向，即使文案用词优美，也会给人一种散漫的感觉。即使文案写手自己读着都会觉得空泛，更何况用户。

2. 集中卖点

有文案大师曾经说过："不要试图把一个产品的多个卖点同时推向消费者"，意思就是说，如果一篇文案的内容将所有的产品优点——罗列出来，这并不能突出产品，反而因为目标的分散，让产品归于平淡。所以说，文案写手写文案时，首先要针对受众群体找出最符合用户需求的卖点，然后围绕卖点来写文案。而且可以适当将卖点夸张，根据卖点来进行不同场景的构建。

3. 直诉利益

对于用户而言，他们关心的重点并不是产品是什么样子的，而是这个产品能够为他们带来什么利益。比如说，卖保健品的不要直接去描写产品是由哪些成分组成的，而是应该展示用了这个产品会为用户带来哪些好处，比如说补气血、强身健体等。这样，能够让用户对产品的利益有更直观的感受。

限制身份类型的文案得到的效果是显著的，文案写手只要遵循上面几个写文案的注意点，多自行摸索，就能够写出极具吸引力的文案。

制造紧张感和稀缺感

经典案例回放：

"双十一"购物狂欢节，每个品牌都会牢牢把握这个促销的机会，促销文案层出不穷。如图10-2所示：

图 10-2

案例分析：

很多时候，大部分人只是随意浏览网上的消息，突然被一个促销的广告吸引，但只是停留在感兴趣的阶段，并没有产生购买的欲望。当他看到广告上的"全场五折、只限今天"的信息时，为了不错过这么优惠的价格，就会选择购买。

这种限时促销类的文案就是利用了用户的稀缺心理，制造用户购买的紧迫感。社会学家艾尔德·沙菲尔和桑德希尔·穆莱纳桑说："只要我们觉得自己缺少什么，比如食物、金钱或者时间等，可能就会念念不忘，以至让自己的想法发生偏移，容易让人的大脑产生一连串强烈的需求感。"

制造紧张感和稀缺感的文案背后涉及了两种用户心理：一种是消费者习惯将获取一件东西的难易程度作为价值高低的标尺。一件东西的获取途径越困难，说明它的价值就越高。因此，稀缺性会促使人们对其尽力争取，当这种稀缺增加了紧迫，就更让人难以抗拒了。

另一种是人们在面对收益时产生的满足感，远远没有损失带来的痛苦感强烈。于是，当原本唾手可得的东西变得稀缺，人们就会失去一部分选择的权利，这种不确定性会使人们产生抗拒心理，从而主动采取行动，以避免失去这件东西。所以，稀缺感让人们的价值感知变得更加敏感，而紧迫带来的压力刺激了人们规避损失的心理。

与文案写手分享：

制造紧张感和稀缺感，最简单的方法就是给文案中提供的机会加上某种限制，让消费者产生机会稍纵即逝的感觉。要想在文案中合理地制造紧张感和稀缺感，可以添加以下限制因素：

1. 限价

价格是判断一件产品是否稀缺最直观的因素。在大部分人的购买逻辑中，一件产品的价格越高，具有购买能力的人就越少；反之，价格越低就说明市场所存数量越多。

比如，"早鸟价即将结束，13200 元 7 天走完南美。"

2. 限量

当一件产品布满大街小巷，就很难引起大家的注意。数量稀缺就是在暗示消费者，我们的产品供不应求，随时都有售罄的可能。机不可失，时不再来。

比如，王品台塑牛排的"一头牛仅供六客"。

3. 限时

在规定的时间购买就能获得他人触及不到的享受，这就是限时给消费者的暗示。限时的词语就是在消费者犹豫时做出提醒，促使购买行为的产生。常见的词语有"仅此一天、秒杀、截止日期"等。

比如，"限时秒杀！最后三天 19.9 元游三园"。

4.限物

东阿阿胶价格昂贵，销量依旧可观的原因就是制作工艺与配方都是国家级保密项目。当你的产品没有特殊的工艺与原料时，可以从产品自身制造局限性入手，收获消费者的信赖。

比如，"传承千年工艺的品牌，今天又干了一件大事"。

同时，文案写手还要注意以下几点，增加文案的可信度，避免轻易设限给用户带来随意不妥的感受。

1.结合数据信息

数字虽然是一种抽象的概念，但可以为文案增加说服力和可信度。比如，"开盘十天成交 3 亿元，销售突破 14.6 亿"，让人感觉销量大，值得消费者信赖。

2.稀缺适量

发布的稀缺信息不能过于笼统，只给人一个"限量发售"的模糊概念，如果没有将稀缺的原因解释清楚将会缺少说服力度。而且，如果限制的数量过多，如"仅限 1000 个名额"，就不会让人产生稀缺的感受，不能有效地刺激用户心理；如果限制的数量过少，如"仅剩 3 个名额"，容易让人直接放弃购买的欲望。

3.避免使用限定词

在《广告法》设立之前，文案中都喜欢使用限定词来制造稀缺感，可当所有人都这样表达时，也就没有了限定本身的效果。比如，"全网第一、销量第一、第一品牌、最好最大"等都是《广告法》中禁止使用的限定词。

如果一定要利用限定词，那就使用限定词所引申出的物件进行代替，让所有的抽象事物变得具体化。比如不能写五星级酒店，那就使用同等的酒店品牌来代替；不能使用CBD，就使用CBD代表的地标代替；等等。

用产品对比，撩起消费者的购买情绪

经典案例回放：

大众汽车以"地球上最艰苦的比赛"为题，刻画了一个汽车的传奇。在一场赛车拉力赛中，没有足够耐力的汽车只能被自然吞噬，对比汽车残骸，远方的大众汽车更能让人感受到它狂野的生命力量。

图 10-3

案例分析：

在众多类型的文案中，对比型文案是最能让用户直接感受到产品优势的。将自身的产品与相同类型却不具备竞争力的产品进行对比，产品的优势就会突显出来，一目了然，大大降低了用户在繁杂市场上犹豫选择的机会。

很少有人愿意在挑选商品上浪费时间。如果一篇文案能够罗列出用户想了解的信息，并不断和参照物进行比较，就会让用户在第一时间洞悉这种产品的优势和购买产品之后能够带来的好处。

想要刺激用户消费，首先要让用户了解，你的产品能够为他们带来哪些利益。这时，就可以将利益转移。比如，一台果汁机的材料是高硼硅材料，但"高硼硅"这个概念对于大众而言，有些生涩，很少人能够了解这种材质的优点。而用户不理解，自然就不会去冒风险。

所以，文案写手在进行对比时，虽然一定要突出材料优质、坚硬的优势，却不必从材料成分入手，这只是站在营销者角度，向用户传递产品的好处。文案写手应尽量将产品的功能对比转换成利益对比，从用户的角度出发，使其情绪产生波动。

对比型文案一定要抓住用户的两种对比心理：

1.追求心理对比

每个人都有自己的追求，每个人都希望得到更好的生活。文案写手就可以利用人们的这种渴望，在创作文案时，将人们在现实生活中无法轻易获得的状态，通过一个产品或服务来缩短与期待生活的距离。这就是追求心理的对比。

想要满足用户的追求心理，首先要找到一个追求的目标去和当下的状态进行对比，而这个目标就是产品。文案写手需要找到用户当下和期待生活中的差异，然后在文案中提供解决方法。并且，这种方法能够和产品产生相关性。

步履不停的文案就是利用了这一点："你写PPT时，阿拉斯加的鳕鱼正跃出水面。你看报表时，梅里雪山的金丝猴刚好爬上树尖……有一些在写字楼里永远遇不到的人。"

现状和期待的对比，就是明确地告诉用户，我可以帮你消除现在和期待生活的差异。当然期待的效果必须在用户行动后的可触及范围内，难度过高，会使他们失去动力。

2. 失去心理对比

求而不得，让人心中更加失落。文案写手可以突出用户有实力获得，却不曾拥有过的东西，比如不想发胖、不想贫穷、不想孤单等。让用户意识到自己失去了什么，重复体验那种失落的感觉，然后在文案中给出解决办法，从而激发用户的购买欲望。

比如尚德的"这个时代正在淘汰不愿学习的人"，还有地产广告的"故乡眼中的骄子，不是城市的游子"等，都是利用了失去心理的对比。

对比型文案合理地利用，能够提高转化率。广告的最终目的就是将产品卖出，如果和竞品形成对比，将自己的优势瞬间放大，会让用户的选择趋向己方的产品。

与文案写手分享：

对比型文案是文案中常见的一种类型，但并不只是简单粗暴地进行对比。那么，如何写好一篇对比型文案呢？

1.竞品的选择

文案写手可以按照经验对比同类产品，从中快速收集所需的竞品信息。在产品能力范围内尽量选取知名度高的竞品，进一步将自身优势放大。同类功能的竞品选取不要超过两个，对比产品过多，会给人留下啰唆的印象。同时要注意，避免选择功能使用或设计理念完全不同的产品，以免将产品突出优势分析变成产品差异化分析。

2.归纳优势

文案写手在收集到所需信息后，可以对自身产品优势进行凝练，站在自己产品的角度，选取突出的产品优势功能，站在市场的角度上，区分产品与竞品之间的优劣势，然后重点标注自身产品的优势。

而且在创作的工作中可以适当夸大优势，以便形成更加强烈的反差效果，从质量、形象等方面让用户清晰地感知产品的优劣。

3.表现方式

对比型文案的表现形式除了图文结合，还可以使用更加直观的表格列明优缺点，或者使用柱形图、折线图、饼状图等。总而言之，目的就是能够让人一目了然。当然，文案中文字的表述必不可少，这是用户了解产品信息的必要途径。

对比型文案，是文案写手连接与用户距离的非常好的途径，用户能够一眼就了解产品的效果，当然文案写手也需要对症下药，符合用户的利益，这样才能激起用户的购买欲望。

利用"场景思维"刺激购买欲

经典案例回放：

一款榨汁机的文案："明天起床后，你可以剥开一根菲律宾帝王香蕉，切开橙黄色的软糯果肉，把它丢进榨汁机里，加入鲜牛奶，旋转杯体，10秒之后就能喝到冰鲜爽口的香蕉牛奶，香蕉的甜蜜和温柔的奶香在嘴里碰撞，用好心情开启新的一天。"

"晚上你口渴了，喝开水太乏味，喝高糖饮料怕胖。于是你打开冰箱，全被新鲜的果蔬塞满了：飘着淡淡乳香的鲜牛奶、金灿灿的水仙枇果、冒着露珠的智利蓝莓……你的脸被冰箱照亮，你的心情也被瞬间点亮，最奇妙的是，随便拿出几样东西，很快就能榨出一杯五彩缤纷的美味果汁，带着舌头环游世界！更重要的是，营养健康，热量不高，没有负罪感。"

案例分析：

这种细致的场景描写，会让用户有一种身临其境的感觉，进而认为"如果我的生活有了它，一定会不一样啊"，于是购买欲也会提高，这就是场景化思维的运用。

场景化思维可以解释为："一种从用户实际使用角度出发，将各种场景元素结合起来的思维方式。"首先将自己置身于某种场景中，观察自己的行为与反应，然后推己及人，思考用户最迫切的行为，从而使文案场景设计的合理性得到验证，进而达成更好的效果。比如"怕上火就喝加多宝"这句广告语，它使用的场景就是去火，当用户上火的时候，第一时间想到的就是加多宝凉茶，而不是清热的药。

对用户而言，场景的变换会影响不同需求的产生，同时同一产品带给用户的体验也就不同。以白酒为例，随着场景的不同，性质也会随之变化。放在超市中，它是一件代售的商品；放在药店中，它是一瓶药酒；送给亲戚朋友时，它又变成了一件礼物。就像"送长辈，黄金酒"就是极具场景思维的文案，它将黄金酒的场景定位得十分清晰。日常生活中，没有人习惯自己喝黄金酒，当我们需要买酒送长辈时，选择黄金酒的概率就会很大。

文案写手如果能根据受众人群和产品属性去打造让用户容易接受的场景，就能更好地引起用户的关注，激发购买欲。

与文案写手分享：

要写好场景文案，重点是进行场景设计，步骤如下：

第一步：筛选支持产品的场景

我们需要充分了解自己的产品。比如，产品的客户是谁？他们在哪里聚集？有哪些需求？他们最迫切的需求是什么？再根据产品的功能、形状、口味、延伸功能等基因，找到相对应的多个消费场景。

比如，基于剃须刀便于携带的特点，我们就可以设计一个将剃须刀装入口袋的场景等。

第二步：找到竞品

对现有竞品的梳理，主要是为了让我们避免与同类产品产生竞争，而缩小自己的市场。一旦遇到强势的对手，我们还可以选择另外一条路。毕竟，生活中的使用场景是非常丰富的。

第三步：确定特有场景

一件特定产品的确定，是为了强化用户的心智。但是，我们在使用场景的时候切忌贪多。以一款饮料为例，如果文案中表示它能够提神、养颜、补脑、降暑……这款产品看起来无所不能，但对于用户来说，就无法将注意力聚焦。所以，即便我们的产品功能再强大，我们也只需要选择一个最符合自己的特定场景即可。然后将这个场景中的最大痛点描述出来，我们就可以占领消费者的心智，从而引发传播和销售。

同时，文案写手还要遵循以下三大原则，以激发出客户身临其境的感觉，触发购买动机。

原则 1：代入感

场景化文案能够充分调动读者的情绪，很大原因是它具有强烈的代入感。当我们在观看电影时，总会在不经意间把自己变成故事中的主人公，时而为他们感到高兴，时而为他们的不幸落泪。

原则 2：从小入手

场景化文案通常描述的都是某个人的经历，我们在创作文案时同样如此，老生常谈的大道理已经让用户内心毫无波澜。在文案中讲一个普通人的故事，并赋予情感，更能受到用户青睐。

原则 3：场景共鸣

共鸣的产生在一定程度上是基于受众拥有相同的经历，从而产生相同的情感。所以，我们在文案创作时要尽量去揣摩读者之前的经历、情感，以便和他们产生共鸣。